ベラミ楽団の20世紀

音楽でつづる日本現代史

本庄 豊 著

日本機関紙出版センター

「古くて新しい記憶」を呼び起こすベラミの歴史

野力奏一（ジャズピアニスト）・野力優（ジャズドラマー）

ベラミに関する調査について、本庄先生よりお問い合わせをいただいたのが、二〇二三年春頃、ノリキスタジオ現オーナー亀井岳彦さんを通してのことだった。優はとっさに「ベラミのことはそんなに詳しくないけど、まあ親父の元にいて聞きかじった程度のお話でいいのなら」と気軽にお引き受けしたものである。その流れで、当然ながら奏一もインタビューを受け、自らの経験および、知る限りのお話をしてきました。

それがこうして、考え得るあらゆる関係者の記憶や語り、そして先達の書物も加えた集大成とも言える大作につながった。本書に書かれた内容を一読者として読み知るにつれて、いかに自分たちが父・野力久良のことを知らなかったのか、ということに愕然としました。

結果的に父の人生を知ることは、ベラミの歴史のみならず、戦前・戦後から現代に至る音楽史、文化史、さらには思想や世相、経済状況に至るまで、中学・高校の授業で習わなかったことに幅広く触れる機会につながった。そうしたことをほとんど意識してこなかった中で、奏一はベラミを起点にしてジャズピアニストとして長らく活動し、定年退職後の優は父の育ててきたビッグバンドのドラマーを務めていることに、不思議な縁を感じざるを得ません。

本書を読む方々の年代層はさまざまであろうが、きっと自分の生きてきた時代を振り返り、また親世代の若き日に思いをはせることができるだろうと思う。読者の「古くて新しい記憶」を呼び起こすことに、少しでも我々兄弟の経験が役立てば幸いと感じながら、本書を推薦する次第です。

『ベラミ楽団の20世紀　音楽でつづる日本現代史』によせて

時田裕二（京都音楽センター代表）

私が「京都ポップスジャズオーケストラ」（旧ベラミジャズオーケストラ）とかかわりを持ったのは、ナイトクラブ「ベラミ」が閉鎖し、そこで働くバンドマンが解雇され自主運営の道を選んでからになります。

私は、京都音楽センターで働き始めて間もない一九八五年からベラミを解雇されたジャズバンドの自主運営を手伝うことになりました。当時も今も「高級ナイトクラブ」には足を踏み入れたこともなく、別世界で生きてきた人たちと一緒に仕事ができるのだろうかと不安でいっぱいでした。

そんな不安を吹き飛ばしてくれたのが、子どもたちでした。学校での音楽鑑賞会に演奏の場を得たバンドマンは、ナイトクラブでの演奏の日々から解放され、子どもたちを前に生き生きと演奏を続けました。そしてある日、小規模の小学校での公演で忘れられない光景を目にすることになります。

自分たちの演奏が全て終わった後、子どもたちがお礼にと歌を歌ってくれたのです。その子どもたちのうたごえを直立不動で聞いていたバンドマンの目から涙が流れてきたのです。今でもステージに立ち涙を流しているメンバーの姿が忘れられません。この涙が、11年間も活動を共にする私の原動力になったことは間違いないと思います。

解雇されても音楽で生きることを選び、音楽でしか生きることができなかった人々の軌跡をこの書は見事に描き出しています。

「歌は世につれ、世は歌につれ」という言葉がありますが、経済状況や政治状況を含めた「時代」に音楽も人も否応なく影響を受けることも本書は示しています。本書がひも解いている音楽の歴史を知る中で、身近な音楽があなたの生きる力や勇気になり、少しでも時代の進歩に役立つものになることも感じてもらえればと願っています。

まえがき〜京都のジャズ喫茶をめぐる

海外航路や上海租界などでの楽団演奏はあったが、ジャズという音楽が日本で本格的に流行し人びとのなかに定着するのは、間違いなく敗戦後のことである。ジャズを持ち込んだのはアメリカ占領軍。ただし演奏者は日本人の「にわかジャズミュージシャン」。アメリカ軍専用のダンスホールが開かれ、米兵を慰安するために各地キャンプ（基地）でジャズが奏でられた。

サンフランシスコ講和条約（一九五二）、朝鮮戦争（一九五〇〜五三）期には日本人ジャズミュージシャンの演奏技術が飛躍的に向上し、彼らは高給取りとなっていった。朝鮮戦争が休戦となり米兵が本国に帰還したり、米軍基地が占領下の沖縄に集中するようになると、仕事を失ったジャズミュージシャンは芸能界に流れたり、ジャズ喫茶などで演奏するようになった。本書で詳しく紹介する京都三条にあった、高級ナイトクラブ「ベラミ」の前身もジャズ喫茶だった。「ベラミ」をはじめとするナイトクラブの楽団員となるジャズミュージシャンもいた。

二〇二三年一〇月三〇日、東條やすこさん作成の地図（10ページ）とスマホをたよりに、自転車で京都市内のジャズ喫茶を巡った。一九七〇年代には四〇店近くあった京都市内のジャズ喫茶が、二〇二〇年には八店に激減していた。地図によれば、その八店のなかで七〇年代より続いていたのは以下の三店のみだった*。

●jazz spot YAMATOYA　京都市左京区熊野神社交差点東入ル二筋目下ル
●JAZZ IN ろくでなし　京都府京都市下京区木屋町通四条下ル斎藤町一二七
●PONTO　京都市中京区 四条上ル中之町五三八
＊50年前の名前や場所が変わったジャズ喫茶もある。東條やすこさんからは「70年代から残るジャズ喫茶についてLush life（京都府京都市左京区田中下柳町20）は88年から現在の店名、ただ同じ店主で前身のジャズ喫茶があり、確か66年頃からされていると思います。現在、ジャズ喫茶営業ではありませんが、現存ジャズライブベニューのCandy、ライブとダイニング営業をされているZac Baranも70年代からあります」との情報を得た。

ジャズ喫茶巡り当日の朝、東條さんから「ポントは残念ながらクローズしました。私は元ポント従業員です」との連絡が入った。結局、行ったのは「YAMATOYA」のみだった。正午、開店と同時に店に入った。YAMATOYAは一〇年前に大規模改修されたとのことだが、五〇年前の開店当時の様子をよく残していた。店内にはLPレコード盤から静かなジャズが流れている。大きなスピーカーからジャズが響く、エレガントさが漂う老舗店である。

一九七〇年代、京都のジャズ喫茶は私語厳禁だったらしい。YAMATOYAは、今ではマスター夫妻と楽しい会話のできる空間になった。それにしても壁一面に並べられたLPレコード盤の数には圧倒される。マスターは客の注文に応じて、神業のようにレコードを見つける。

昼食は済ませて来たので、酸味のあるエチオピア珈琲とミニケーキを注文した。著名なジャズピアニスト・チック・コリア（米国、一九一四～二〇二一）が来日したとき（二〇〇八）には、マスターが世話を焼き、その縁もあってコリアが来店し、YAMATOYAのピアノを弾いたという。

ベラミは、ジャズ喫茶から始まった、京都三条大橋東にあった高級ナイトクラブである。ベラミのバンドマスターを一六年間つとめたのが、野力久良《のりきひさよし》だった。野力の率いた関西オールスターズは、京都の夜を魅了する。一九八五年のベラミ閉店後、解雇された楽団員たちは争議後和解、その後京都ポップス・ジャズオーケストラ（KPJO）を結成、約一一年間京都府下の学校公演などを精力的におこなった。彼らの活動を支えたのは、うたごえ運動の拠点・京都音楽センターだった。ジャズとうたごえ運動が京都の地で出会ったのである。異文化が交じり合うとき、そこにエネルギーが湧きおこる。

KPJOの事務局は、野力久良が始めたノリキスタジオビル内に置かれた。ベラミ楽団をプロミュージシャンの出発点とした、著名なジャズピアニスト・野力奏一さん（久良の長男）も、KPJOの活動を支え続けた。

本書で私は、ベラミの盛衰と野力久良の一生を導きの糸として、ジャズやポップスを中心とした日本の音楽の戦後史を、社会情勢、社会運動と絡めて生き生きと描きたいと思う。書名は、尊敬する歴史家・高橋磌一先生の名著『流行歌でつづる日本現代史』（一九六九、新日本出版社）にあやかって、『ベラミ楽団の20世紀～音楽でつづる日本現代史』とした。高橋先生については、本書補論で詳論する。主タイトルを「ベラミ楽団の戦後史」とはせず、「ベラミ楽団の20世紀」としたのは、ジャズと世界史とのつながりを意識したからである。

戦後史は、現在につながる多様で多彩な地下鉱脈をもっている。ベラミの歴史もその一つである。

この地下鉱脈をたどる私の旅に際して、野力久良の二男・野力優さん、京都音楽センターの時田裕二さんから、たくさんの資料と心のこもったご助言をいただいた。お二人に最大級の感謝の言葉を贈りたい。

二〇二四年五月三一日　筆者

【表記について】

一、当時使われていた「ジャズマン」「ジャズメン」については、女性演奏者や女性ボーカリストの存在を軽視する言葉なので、「ジャズミュージシャン」または「ジャズプレイヤー」と表記した。ニュアンスとして、前者は芸術家、後者は技能者という意味を込めている。「ジャズメン」という言葉も文中に使用したのは、当時の様子をあらわすためである。

二、「黒人奏者」「黒人バンド」「黒人女性ボーカリスト」という言葉も、白人を標準視する立場になってしまうので、あえて使用しないようにした。どうしても使用せざるをえない場合は「　」をつけた。

三、人名については、原則的に敬称は省略した。失礼があればお許しいただきたい。

四、歌詞のなかには、「恋の奴隷」など今日的には問題ある場合もあるが、歴史的事実として当時のままの表記にした。

五、京都ポップスジャズオーケストラの略称は「K・P・J・O」だが、本書では読みやすくするため「KPJO」とした。

六、文中の（※…）は筆者の注記である

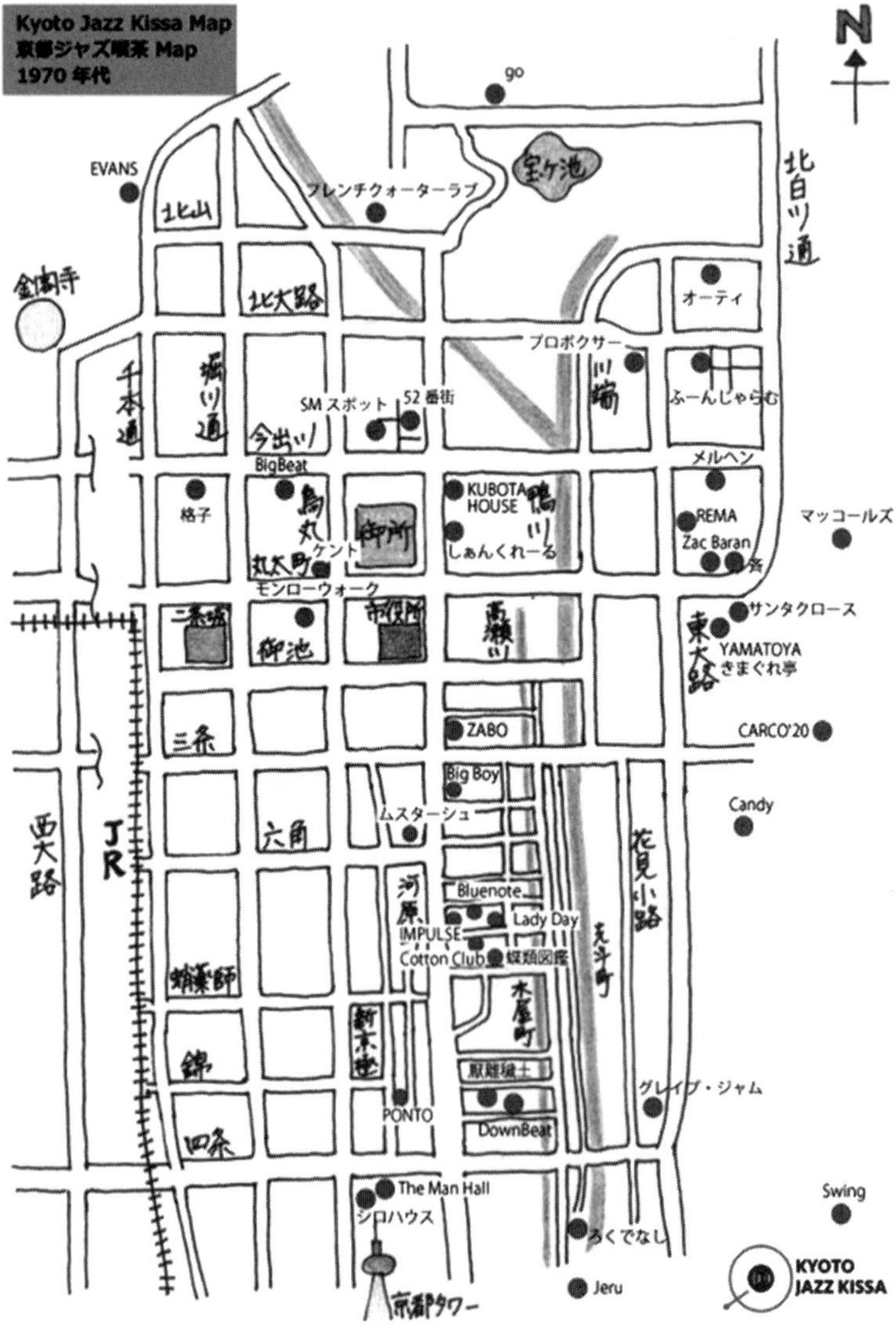

東條やすこさん作成（ウェブサイト「Kyoto Jazz Kissa Map（京都ジャズ喫茶マップ）」参照）

〈目次〉ベラミ楽団の20世紀　音楽でつづる日本現代史

一章　高級ナイトクラブ「ベラミ」

二章　越路吹雪とベラミのママ・山本千代子

三章　ベラミ前史Ⅰ～戦前日本のジャズ音楽

四章　ベラミ前史Ⅱ～進駐軍クラブから歌謡曲へ

序章

野力久良と
関西オールスターズ

一　ノリキスタジオ

二〇二三年五月末午後、京都駅八条口から南に歩いて三分、ビルの地下に続く階段を下り「ノリキスタジオ」を訪ねた。オーナーの野力久良（一九三二〜二〇二二）は三年前に亡くなっていたが、シンガーソングライターの亀井岳彦さんが二〇一五年よりスタジオを運営しており、亀井さんを通じて何か情報が得られればと考えたからだ。実力派のサックス奏者でもある野力久良は、ナイトクラブ・ベラミのバンドマスター（バンマス）だった。バンマスとは、楽団の責任者のことで、別の言い方をすれば楽団における監督の仕事をしていた人である。

後に知ることになるが、ノリキスタジオ創設に先立って野力久良は（ベラミを辞める前）、京都市四条に喫茶店「ノリキコーヒー」（一九七五年開店）を始めた。一九八二年には喫茶店に併設するノリキスタジオ（四条店）と、同スタジオ京都駅前店を創設した。バンドマスターとは言え、楽団員の暮らしはなかなか大変だったことが兼職の理由だろう。ベラミは八五年に閉店するので、経営が思わしくないことをバンマスの野力久良は気づいていたに違いない。現在、四条の喫茶店は「喫茶ＮＯＲＩＫＩ」の名前だが、三代目の経営者となっている。

「コーヒー豆の配合は野力久良さんの時と同じです」と経営者の方は私に語った。店にはジャズを思わせるものは置いておらず、近所の高齢者が数人談笑していた。

取材のとき、私はアポなしで訪問することが多い。それは電話やメールをしてから訪問するのは、相手の時間を半ば強制的に奪うことにつながるからである。これは自分自身が取材されたときの体験から得たものがベースにあり、必ずしもいいやり方ではないことは承知している。半分予想した通り、ビルの地下にあるノリキスタジオはドアがロックされていた。郵便受けに名刺を入れた。名刺には「ベラミのことを調べています。ご連絡をお願いします」と手書きの文字を走らせた。もし、関心がなければ名刺は放置されるだろう。それはそれで仕方のないことだと諦めるしかない。

一週間ほどして、亀井岳彦さんから「野力久良さんの次男の優さんに連絡を取りました。本人の了解を得て優さんのメールアドレスをお教えいたしますので、連絡をしてみてください」というメールがあった。野力優さんにメールを送るとすぐに返信があった。打ち合わせ後、六月八日の午前中に長岡京市の瀟洒《しょうしゃ》なご自宅を訪問した。玄関横に本格的な防音室を備えた家である。防音室にはドラムとピアノが置かれており、その部屋で優さんと話し込んだ。優さんは著名な民間企業の役員だったが、定年退職後はドラマーとして本格的に音楽活動を開始したとのことだった。

「父は三年前に亡くなり、たしか『ベラミ通信』のようなものもあったと思いますが、全部処分してしまいました」

「兄の奏一ならば何か持っているかもしれませんので、連絡してみます」

野力奏一さんは日本を代表する有名なジャズピアニストである。奏一さんは父がバンドマスターをするベラミで演奏したことが縁で、ゲストとして来ていたドラマーのジョージ川口と出会い、キャリアを開花させた。

「コロナ禍でライブ演奏ができず、兄も苦労したようです」
「父の教え子たちが、三回忌のライブをノリキスタジオで開きます。私も出演しますので、また連絡します」

その日は、歌手の森進一とバンドマスターの野力久良さんのツーショットの写真が印刷されている、古いCDをお借りした。家に戻り、再生してみた。私の聴いた、初めてのベラミ楽団の演奏だった。

二　野力久良三回忌記念　Noriki Studio Special Live

二度目のノリキスタジオ訪問は、二〇二三年八月五日のことである。今回は階段ではなく、エレベータのある専用入り口から入った。「Noriki Studio Special Live(ノリキスタジオ　スペシャル　ライブ)」と称し、「先代オーナー野力久良ゆかりのミュージシャンが大集合」とチラシに書かれていた。コロナ禍が終息に向かっているという事情もあってか、狭いスタジオは三〇人以上の人で満席。出演者は、るいみどり、聖代橋薫(元京都ポップスジャズオーケストラメンバー)、くのり薫、風花、山下多佳子、亀井岳彦、野力優である。楽しんで帰ろうと思っていたら、終演後の忙しい中、野力優さんが声をかけてくれた。

「ベラミ関係の人を紹介します。一番奥にいるのが、るいみどりさん」

野力優さんの力もあったのだろう、るいさんは私を控室に誘ってくれた。

「初めまして。ベラミ楽団のことを本にしたいと思い調べています」

「わたしもベラミで歌ったのよ。ワンステージ、当時のお金で一〇万円だったわ」

るいさんは今回のスペシャルライブでトリをつとめるなど、この世界では大御所らしく、圧倒的な歌唱力だった。

「わたしの元夫がジェリー藤尾の弟で、ジェリーと一緒にベラミにも出演していたの」

ジェリー藤尾（一九四〇〜二〇二一）は、私の少年時代にテレビや映画で見た歌手だった。ジェリーは上海租界で、日本人の父とイギリス人の母のあいだに生まれた。戦後、五歳の時に日本に家族で上陸したが、外見や英語しか話さないことなどから、母とともにひどい差別を受けた。心労を紛らわせるため母は飲酒に走り、ジェリーが中学一年生のときに吐血後死去した。二八歳の若さだった。

荒れた生活をしていたジェリーだったが、音楽の才能があったのだろう、バンドボーイとして出入りしていた東京のジャズ喫茶でプロダクションからスカウトされ、芸能界入りした。代表曲は「遠くへ行きたい」（作詞・永六輔、作曲・中村八大、一九六二年）。永六輔と中村八大のコンビの歌としては、「遠くへ行きたい」の前年につくった、坂本九の「上を向いて歩こう」がよく知られている。永六輔は六〇年安保闘争に挫折した思いを「上を向いて歩こう」に込めたが、レコード会社が前向きな歌にしてしまい、永六輔が戸惑ったと何かに書いていたのを覚えている。

私は長いあいだ、学生時代に聴いた「遠くへ行きたい」は森山良子の持ち歌だと信じていた。最近は森山良子の息子・森山直太朗が歌っている。中学の音楽の教科書にも載ったことのある、「遠くへ行きたい」の歌詞の一部を転載してみよう。

知らない街を　歩いてみたい
どこか遠くへ　行きたい
知らない海を　ながめてみたい
どこか遠くへ　行きたい
遠い街　遠い海
夢はるか　一人旅
愛する人と巡り逢いたい
どこか遠くへ行きたい

一人旅の歌であるが、巡り逢うことを期待しながらの旅でもあった。
ノリキスタジオライブ記念に、亀井岳彦のＣＤを三枚購入した。いま、その歌を聴きながらこの原稿を書いている。

三　「音楽家になります」と言ったが……

JAZZ FROM THE WEST

Noriki Hisayoshi

野力久良(sax,arr)インタビュー

聞き手：太田"AHAHA"雅文

毎回関西を中心に活躍するジャズプレイヤーにその音楽の歴史をうかがい、"ウエスト・ジャズ" の魅力を届けるこの連載、今回は京都のジャズの古い話を伺います。サックスプレイヤーでアレンジャーの野力久良さんは戦後の関西ジャズと共にキャリアを積まれた証人と言っていい方。京都の老舗クラブ「ベラミ（1985年閉店）」の専属バンド「関西オールスターズ」の元バンドマスターでした。東京の方も京都の地元民も分からない固有名詞がバンバン出てきますよ。（文中一部敬称略）

会社の倉庫から見つけた楽器達

——現在のお年を教えて頂けますか？

野力　83才です。昭和７年（1932年）生まれですね。

——お生まれは京都ですね。

野力　そうです。京都の中京区、二条城の近くで生まれました。

——ジャズの歴史を感じます（笑）。そんな野力さんが音楽に出会ったきっかけは…。

野力　終戦直後のことなんですけれど、進学するか就職するかという選択がありました。僕は長男なので家業の紋付の紋を描くという仕事を継ぐべしという立場だったんですけど、戦争中は国民服ばかりで誰も着物を着ないというのを目の当たりにしたところもあって就職することに。それで今の日本通運に勤めたのが14才の時でした。入社後、倉庫で吹奏楽のトロンボーンやトランペットなどを見つけたんです。以前会社の中にアマチュアバンドがあったらしくて。

——運命的な出会いですね。

野力　それで同期の仲間となにかやってみようということになったんです。最初はやり方もわからずにやってたんですが、その後会社がサークルとして認めてくれて、指導してくれる人を紹介してくれたりしました。

——その方はクラシックの先生とか？

野力　クラシックの先生と思っていたんですが、後でチンドン屋さんだったと分かったんです。けれど元々はちゃんと教育を受けた方だったそうで、楽典も詳しいし、書かれた楽譜もプロの譜面としてしっかりされてました。

ダンスパーティーでクラリネットが大評判に

——野力さんは何の楽器をされたんですか？

143

『ジャズ批評』の野力久良インタビュー記事（2015年11月号）

ベラミのビッグバンド「関西オールスターズ」のバンマスだった野力久良については、長男の奏一さんから送っていただいた『ジャズ批評』一八八号（二〇一五年一一月号）と、京都音楽センターに保管されていた「ＫＰＪＯニュース」１号～57号（87・12－96・12）に野力久良が寄せた文章（連載）をもとに、当時の時代状況の描写も加味しつつ書いてみよう。『ジャズ批評』で野力久良をインタビューしたのは、ライターでジャズボーカリストでもある太田雅文である。

野力久良は一九三二年二月一一日、野力久利・てふの長男として、京都市中京区に生まれた。生家は二条城の近くだった。小学校時代こんなことがあった。

昭和16年秋……。小学校４年生だった私の担任のＭ先生が召集されて戦地に行くことになった。私をよく可愛がってくれたＭ先生の代わりにきたＫ先生は、年寄りで金縁の眼鏡を掛けた〝金貸し〟の様なタイプで、人見知りをする私は一目見ただけでいやでいやで仕方がなかった。私はその先生に〈がま〉と云うあだ名をつけた。

〈がま〉の初めての授業の時、クラスの名簿を順に読み上げながら一人ずつに「大人になったら何になりたいか？」と尋ねた。殆どの生徒は「僕は陸軍大臣になりたいです。」とか「海軍士官です。」といった答えをした。

総理大臣ぐらいに言っておこうかなと思っていた私の番が来た時、

「のーりき、おまえは何になるのか？」と云われて、「僕はのーりきではありません。のりきです。」少しむっとして言うと「お前は級長のくせに先生にさからうのか！」と私をにらみつけた。黙っていると、

「お前は何になりたいのか早く言え！」

私はとっさに、「音楽家になります。」と答えてしまった。

（中略）

そして、この年の12月8日戦争が始まった。

「ＫＰＪＯニュース」28号（90・3・1）

小学生の野力久良と音楽との出会いには、父の元で働いていた丁稚《でっち》の「富どん」と、学校での音楽の授業がかかわっていた。しかし、戦争が激しくなると世間も学校も軍国主義一色に染まり、大好きな音楽もなくなっていった。

私の父は紋上絵師《もんうわえし》だった。紋上絵というのは紋付きの着物の紋を極細の筆で書く仕事で、この頃までは結構いい仕事だったようで「繁どん」と「富どん」と呼ばれる番頭と、丁稚が二人いた。丁稚は見習い生なのだが、殆ど雑用ばかりをやらされていた。「富どん」は流行好きで当時はやりのポータブル蓄音機（レコードプレイヤー）を持っていたが、かけるのはいつも決まって東海林太郎の「国

境の町」であった。彼は又ハーモニカも持っていて、こちらはいつも「埴生《はにゅう》の宿」だった。私もハーモニカが欲しかったが、買って貰えなかった。

（中略）

やがて戦争が激しくなってくると「繁どん」も「富どん」も相次いで応召してゆき、丁稚も人手が足りないということで田舎の実家へ帰っていった。

（中略）

六年生になっても〈がま〉は相変わらず私の事を「のーりき」と呼び、この担任の授業がいやで成績もだんだん悪くなっていった。しかし、好きだった音楽の時間だけは別の女の先生で、私にとっては楽しい一時であった。

ところが、ある日その先生が「今日からこれで音楽訓練の授業をおこないます。」と、いつになくきつい口調で云って蓄音機をだしてきた。

私は音楽を聞かせて貰えると思っていたら、なんとかかったのは飛行機の爆音で「これがアメリカのP‐35戦闘機、この音はB‐25爆撃機、こちらが日本の戦闘機です。よく聞いて音を覚えなさい。」と云うのであった。この時の先生の目が何故かとても寂しそうだったのが、今でも心に焼き付いている。

「KPJOニュース」29号（90・4・1）

戦時下、社交ダンス禁止令が出され、各地のダンスホールには名残を惜しむ人たちが集まり、ラストに「蛍の光」が歌われたという。「蛍の光」斉唱後も客たちはダンスホールをなかなか離れなかった。

英語に対する規制も厳しくなり、バイオリンは「提琴《ていきん》」となった。苦し紛れのような楽器名もあった。真偽不明だが、アコーディオンは「手風琴《てふうきん》」、サックスホーンは「真鍮《しんちゅう》製曲がり金、蓋を開け閉め発音器」、トロンボーンは「真鍮製曲がり金、伸縮自在発音器」と呼ばれたらしいと、野力久良は回想している。

一九四四年、国民学校高等科に進学していた一二歳の野力久良は、学徒動員令により学校を離れ、京都市九条羅生門にあった寺島工場で特殊旋盤の仕事に就くことになった。同年、心ならずも久良は予科練を志願させられる。少年飛行学校に合格した野力は四五年九月入学という通知を受け取る。同年八月一五日の敗戦が遅れれば、久良も特攻機に乗っていたかもしれない。

四　日通の倉庫で戦前の楽器を発見

敗戦後に音楽と本格的に出会った思い出について、野力久良はこう語っている。文中の「国民服」とは規格化された戦時中の男性の標準服のことであり、一九四〇年「国民服令」により法制化されていたが、敗戦後は治安維持法などとともに廃止された。

終戦直後のことなんですけど、（※高校へ）進学するか就職するかという選択がありました。ぼくは長男なので家業の紋付の紋を描くという仕事を継ぐべしという立場だったんですけど、戦争中は「国民服」ばかりで誰も着物を着ないというのを目の当たりにしたこともあって就職することに。それで今の日本通運に勤めたのが一四歳の時でした。入社後、倉庫で吹奏楽のトロンボーンやトランペットなどを見つけたんです。以前会社の中にアマチュアバンドがあったらしくて。

（『ジャズ批評』二〇一五年一一月、一八八号）

日本最大の物流会社、日本通運（日通）の倉庫になぜ吹奏楽の楽器があったのだろうか。日通は日中全面戦争（一九三七年七月七日～四五年八月一五日）を物流面で支えるため、同年一〇月一日に設立された国策会社である。その母体は鉄道輸送の取りまとめ業務をしていた国際通運株式会社であり、同社は海外運輸事業も展開していた。戦争のない時代は欧米への長期の海外航路（旅客・貨物）には、乗船客の慰労のための楽団が常駐していた。戦争になり使われなくなった楽器を、野力久良が敗戦後に倉庫で発見したかもしれない。その場合、楽器はアマチュアのものではなくなる。

野力久良の言葉を続けよう。

（※会社が紹介してくれた先生は）クラシックの先生だと思っていたんですが、後でチンドン屋さんだったと分かったんです。けれど元々はちゃんとした教育を受けた方だったそうで、楽典も詳しいし、書かれた楽譜もプロの譜面としてしっかりされていました。

（『ジャズ批評』二〇一五年一一月、一八八号）

日本ではクラシック一本で生活することはできず、大正期から昭和期にかけての大衆消費社会の広がりのなかで、チンドン屋として生計を立てた人もいたらしい。幸運にも、野力久良はプロの譜面を読み書きできるすぐれた指導者に出会ったことになる。当初はトランペットをやりたかった久良だったが、体が小さく大きな音が出ないので、クラリネットに変わるように言われた。教えてもらったのは「青春の歌」という古い曲だったが、楽譜が読めないので聴いて覚えた。

戦時中に治安維持法で押さえつけられていた労働運動が、敗戦とともに沸き起こるようになった。勤務する日通にも労働組合が結成される。組合員はメーデーに参加することになり、野力の所属する音楽部（サークル）にも動員がかけられたので、東京の組合本部から労働歌集を取り寄せ、先生に教えてもらいながら「聞け万国の労働者」と「世界をつなげ花の輪に」を練習し、なんとか演奏できるようになった。初舞台は、メーデーに行くトラックの上だった。

その頃出来たばかりの「労音」という組織にも入って、いろんな音楽に親しむ様になった。初めての生のオーケストラを聞いたのも「労音」の例会で関西交響楽団（現在の大阪フィル）の「未完成交響曲」だった。この時、クラリネットの音がこんなにいいものだったのかと思い知らされた。

「ＫＰＪＯニュース」34号（91・6・1）

日通入社と同時に、野力久良は京都府立西京商業高等学校の夜学に通うことにした。会社と音楽サークルと夜学というハードな毎日だったが、ひそかな楽しみもあった。日通二年目に一歳年下の堀池美代子が入社、美代子も西京商業の夜学の学生となったからである。美代子は将来新劇の女優になる夢を抱いており、学校では演劇部に所属。久良は演劇部で音楽を担当することとなった。若い二人が親しくなっていくのに時間はかからなかった。三菱電機に勤める美代子の父は、娘が女優になることには大反対した。

五　小学校の講堂で毎週ダンスパーティ

敗戦から数年後、景気も上向きになり重かった空気も少し和らいだ。京都市内の小学校の講堂を会場に毎週、社交ダンスパーティが開催されるようになった。日本を占領したGHQ（連合国軍総司令部）は、日本民主化の一環（男女平等意識の向上）として、学校ではフォークダンスを民間ではスクウェアダンスを普及させようとした。天皇制の牙城である京都ではGHQの民主化圧力が特に強く、全国に先駆けて公立高等学校における男女共学が徹底したのも京都だった。スクウェアダンスの会場として選ばれたのが、小学校の講堂。スクウェアダンスとは、男女のペア四組（八人）がチームをつくって踊る競技形式のダンスで、娯楽の少ない時代に人びとの心をとらえたのである。野力久良は楽器を

ダンスパーティ（写真は後のKPJO時代のもの。京都音楽センター提供）

抱えて、ダンスの渦のなかに身を投じることになる。

（※日通で）働きながら趣味で（※楽器を）やっていたんですが、一七〜一九歳の頃から京都市内のほとんどの小学校の講堂で毎週土曜日にダンスパーティが開かれるようになったんです。社交ダンスですね。

昔の、まだ手回し式のレコードプレイヤーの時代ですから講堂に音を響かせるパワーがない、そうなると生バンドということでアマチュアでも下手でも引っ張りだこになったんです。

ぼくも頼まれて、会社には内緒でクラリネットを持って行って演奏したんですが、当時、ギャラ（※日当）を50円もらって驚きました。その時のぼくの月給が本給で45円で、手当やらがついてせいぜい70円といったところでしたから。

そのダンスパーティでアドリブをやったから、

その頃のアマチュアにはアドリブができる人がいなかったので演奏がおわったらお客さんもバンドのメンバーも一緒にすごく拍手してくれたことは嬉しかったですね。ぼくは終戦後からベニー・グッドマンが好きでずっと聴いていたこともあってそれの聞き覚えぐらいだったんですが。

（『ジャズ批評』二〇一五年一一月、一八八号）

野力久良と同じクラリネット奏者だった、スウィングジャズの名手・ベニー・グッドマン（一九〇九～八六）は、トランペット奏者の愛称・サッチモ（ルイ・アームストロング、一九〇一～七一）と並び、ジャズ創成期における伝説の人である。ジャズはニューオーリンズから始まり、ミシシッピ川をさかのぼりシカゴにその中心を移す。「黒人」のサッチモはニューオーリンズ出身、ユダヤ系のグッドマンはシカゴ出身だった。二人とも即興演奏が得意だったことも、野力久良が惹かれた点だろう。なお、スウィングジャズバンドとは一九三〇年代から四〇年代初期にアメリカで大流行した、白人主体のビッグバンドのことであり、ベニー・グッドマンやグレンミラー楽団が知られている。これらについては、本書「三章　ベラミ前史I」「一　映画で学ぶジャズの世界史」で詳しく述べたい。

京都にプロのミュージシャンが千人いるといわれていた時代でした。今や50人以下というところだと思いますが、その千人がいてもダンスパーティを全部まかなうには間に合わなかったのですから。

（『ジャズ批評』二〇一五年一一月、一八八号）

学校におけるフォークダンスの隆盛については、舟木一夫がデビュー曲「高校三年生」（一九六三）のなかで「ぼくら　フォークダンスの手をとれば、甘く匂うよ黒髪が」と歌ったように、ぼく自身の戦後体験として記憶されている。けれど、大人たちの間で大流行したスクウェアダンスについては、野力久良さんのインタビューを読むまではまったく知らなかった。まさに忘れられた戦後史の一つであろう。

土曜日の小学校講堂でのダンス伴奏をはじめてから一年が経った頃、あるサロン（後のナイトクラブ）のバンドから声がかかった。そのサロンは五番町という遊廓のど真ん中にあった。遊廓を通るのは気が引けたが、サロンでは「憧れのハワイ航路」や「銀座カンカン娘」などを演奏した。

六　京都駅からトラックで米軍キャンプに

戦後、京都駅には「駅の子」とも呼ばれる「戦争孤児」たちが集まり、物乞いや、駅近くの闇市でのかっぱらいなどを繰り返していた。食うためには何でもやった時代だった。仕事を求める青年たちもまた、思い思いの楽器を持って京都駅に集って来た。

野力久良の証言。

……ある時、バンドのメンバーからクラリネットを持って京都駅の辺りに行ったら仕事がある、と言われて、今は京都劇場という劇場になっていますが、そこと昔京都ステーションホテルがあった広場に行ってみたんですね。夕方5時ごろになると人がやってきて、声をかけられるんです。その人が同じように集まってきたメンバーをそれぞれの楽器ケースを見て、その場で4、5人のバンドを作って進駐軍のキャンプ地に連れていくんです。

（『ジャズ批評』二〇一五年一一月、一八八号）

アメリカ進駐軍のための慰安演奏のための日本人バンドがどのように集められたのかについて、この証言で初めて知ることができた。証言を続けよう。

多かったのは滋賀県の大津や雄琴と京都の大久保でしたね。今自衛隊があるところが多いんですが、そこには必ず兵隊が遊ぶクラブというのがあって、将校クラブ、下士官クラブ、兵隊のクラブのそれぞれにバンドが毎晩（※前後二）交替で入るんです。そうすると一日6バンドいるんですが、将校クラブはビッグバンド（※17人前後）かナインピース（※9人）、下士官と兵隊クラブは4、5人のバンドでした。そこに時々行くようになりまして、毎晩米軍のトラックに乗って、その荷台でメンバーと何の曲をやるかの打ち合わせをしていました。

その頃は将校クラブの演奏には査定と言うものがあって、バンド単位の査定と個人の査定があったんです。僕はそこを受ける前にそういう制度が終わってしまったんですが。

その査定でギャラが決まるんですが、スペシャルAクラスからBかCまであったのかな、それぞれのクラスのカードが渡されると全国どこに行ってもそのクラスのギャラで演奏ができるというものでした。京都にはスペシャルAクラスのバンドは松野国照さんのオーケストラ（松野国照とダウンビート）しかなかったんです。松野さんの息子さんが古谷充さんですね。

それに次いだのが中澤壽士バンド（スターダスターズ）でした。最も松野さんのバンドは進駐軍専門にやっていて、一般の日本人は聴く機会がほとんどなかったのです。中澤さんのバンドは京都の『美松』というダンスホールがあったんですが、そこの専属でしたし（美松ジャズ・オーケストラ）、一番売れていたと思います。彼らはMBSジャズ・オーケストラの前身でもありましたね。京都では彼らが時々円山野外音楽堂でコンサートを開くのですが、それを聴きに行くのが楽しみでした。僕もなんとか中澤バンドに入りたいと思っていました。

（『ジャズ批評』二〇一五年一一月、一八八号）

ジャズは現金《キャッシュ》になったのである。バンドの「査定」を行っていたのは、日本政府の特別調達庁という機関だった。調達庁については「四章　ベラミ前史Ⅱ」のなかで詳しく紹介するが、れっきとした政府の機関が莫大な予算を使って、西洋音楽のできるバンドマンたちをトラックで集めていたという証言は非常に貴重なものである。ここでは、野力久良証言を理解するために、軍司貞則『ナベプロ帝国の興亡』（一九九五、文春文庫）の一部を引用しておこう。

特別調達庁が発足した二十二年ですでに八十六億七千五百万円、それが、翌二十三年には五百七十一億四百万円と六・五倍にもはねあがった。その金の一部が進駐軍の各基地の芸能担当責任者を通して、ギャラの形でバンドマンたちにはいってくるのである。しかもキャッシュで、当日払いである。

七　大阪キューバンボーイズから京都のベラミへ

野力久良は一四歳で就職した日本通運を、二〇歳（一九五〇年頃）のときに辞めた。夜のバンドとの兼職に限界を感じたからだった。両親は反対したが、久良の決意は固かった。付き合っていた堀池美代子にもそのことを伝えた。美代子は久良の背中を押してくれたと思われる。

その頃には僕も会社が終わってから演奏に行って、遅くなって帰って朝になると眠たくて、毎朝タクシーで通勤していたんですが、上司の課長が市電で通勤すると会社の前までタクシーで乗り付ける僕を見るわけですからいじめられました（笑）。そんな中で希望退職の告知が出たのでそれに応募して、会社は辞めてプロの道に進んだんです。

（『ジャズ批評』二〇一五年一一月、一八八号）

毎朝タクシーで乗り付けられるほど、金銭的にもバンドの仕事は旨味があったことになる。日通を辞めて三カ月ほど経ったとき、いよいよプロのバンドから声がかかった。バンドへの就職を機に、野力久良はクラリネットをアルトサックスに持ち換えることにした。クラリネットでは小バンド（コンボ）しかできないので、ビッグバンドで仕事をするためのやむを得ない選択だったという。

……大津（※皇子山の米軍キャンプのこと）専属のナインピース（九人編成）バンドから声が掛かって、小さいながらも一応ちゃんとした楽器を使うバンドに入ることができた。この時のバンマスが佐野代志久氏で、私にとってはこれがプロデビューと云うことになるのだろう。

半年位した頃だったたか、今度は京都駅前の進駐軍専用のラクヨーホテル（現在の関電ビル）専属のビッグバンドから引き抜きが掛かった。この世界では他から引き抜かれることによって自分が認められ給料が上がっていくのだ。

（『ジャズ批評』二〇一五年一一月、一八八号）

しかしラクヨーホテルが三カ月で廃止されることになり、バンドは解散となった。その時、近藤正春がバンマスをつとめる「大阪キューバンボーイズ」から声がかかった。ラクヨーホテルのバンドで一緒だったトランペットの吉川詩郎が呼んでくれたのである。

キューバンボーイズはラテン系の音楽が中心だった。ジャズをやりたかった野力久良だったが、近藤正春の「ラテンもいいものだよ」の言葉で入団を決意した。キューバンボーイズの演目は、ルンバとタンゴだった。

……（※大阪キューバンボーイズは）大阪の『メトロ』という女給が1000人ボーイが1000人という大キャバレーがあって、そこの専属バンドでした。平均年齢24、5才の若いメンバーのビッグバンドでした。そこでアルトサックスを吹いていていました。

……2年経った頃、そのメトロが東京にもできるというので大阪キューバンボーイズを半分に分けて僕は大阪のリーダーになったんです。当時はNHK大阪にもしょっちゅう出ていましたね。

（『ジャズ批評』二〇一五年一一月、一八八号）

ビッグバンドのなかで、野力久良はバンドリーダー（バンマス）としての力を発揮するようになる。バンマスには次のような三つのタイプがあって、そのいずれかに秀でているかまたは各々を兼ね備えていないと成功しないと当時言われていたという。

①優れた音楽家であること。
②経営上手であること。（商売人的要素）
③メンバーの面倒見がいいこと。（親分肌）

メトロの演奏時間は、早番は六時から十一時、遅番は六時半から十一時半だった。休日は無く一年三百六十五日が仕事で、他の仕事は昼間のイベント（当時は実演と言った）と深夜のラジオの録音で結構忙しかった。このバンドは若い人が多く、平均年齢が二十四、五才だったと記憶している。この中には後に「愛と死をみつめて」でレコード大賞をとった作曲家の土田敬四郎氏（ピアノ）がいたし、世界的女優になった坂本スミ子さんが歌手見習いのバンドガールとして在籍していた。

「ＫＰＪＯニュース」45号（92・9・1）

キューバンボーイズの仕事をしていた野力久良だったが、生まれ故郷への愛着があったのだろう、住居地はずっと京都だった。京都へのこだわりが、野力久良のキャリアのなかで一番長いベラミ時代につながっていく。苦労して大阪に通う割に給料は高くなかったことも、地元を選んだ理由かもしれない。進駐軍バンドとしてもらっていた破格のギャラは、地道に生きようとするバンドプレーヤーたちには逆に酷な成功体験になってしまった。

大阪キューバンボーイズを退団した後は京都のあちこちのクラブで演奏をして、京都の「ラテンクォーター」という店で（※バンマスになり）「（※野力久良と）パレスキューバンボーイズ」というバンドを結成したりしました（※一九五五年）。そこは2階がスケート場という変わったところだったんですが、2年ぐらいでなくなって、裏の「田園」という店のバンドをしたりしていたのですが、30才の時にベラミの専属になりました。バンドの名前は「関西オールスターズ」といったのですが、ＡＢＣテレビに出ることになって、ママに頼まれて「ベラミジャズオーケストラ」という名前で出演しました。

（『ジャズ批評』二〇一五年一一月、一八八号）

バンマスになったことで、美代子との結婚の決意が固まった。バンマスは団員二人分の給与が相場だったので経済的にも安定すると考えたからだろう。二人の結婚は一九五七年、久良二五歳、美代子二四歳のときである。中京区の実家（父・久利宅）に同居、新婚生活が始まった。しばらく経って、小さな離れを建てた。

ベラミはまずジャズ喫茶として出発したが、当時はラテン音楽の全盛期であり、ナイトクラブとなってからではあるが、マンボを発明したとされるペレス・プラードをステージに招いたのである。

それ迄レコードを聞かせるだけだったジャズ喫茶で生の演奏や唄を聞かせる店が、東京を始めとして全国に流行しだした。今のライブである。

京都にも先ず「ジャズ喫茶ベラミ」が四条河原町上るに登場し、ジョージ川口の「ビッグフォー」や「シックス・ジョーズ」等の有名バンドが出演し人気を博した。

「ＫＰＪＯニュース」48号（92・12・1）

野力久良を迎え入れた関西オールスターズは、ベラミの開店から四年後の一九六一年に結成された。野力久良の回想にあるように、ベラミのママ・山本千代子は、バンドがテレビに出るにあたって、店の宣伝のために「ベラミジャズオーケストラ」にしてほしいと依頼したのである。「ジャズ」の名前を冠したのは、まごうことなくこのバンドがジャズバンドだったからだが、演奏者たちのジャズミュージシャンとしての自尊心もくすぐろうとしたのだろうか。この名前はやがてベラミバンドの名前になり、ベラミの閉店後に結成するバンド名「京都ポップスジャズオーケストラ」に受け継がれていく。

野力久良にとって、一番長くキャリアを積んだのがベラミ時代だった。四年間の団員時代を経て、一六年間のバンドマスター時代があり、合計二〇年間ベラミに通った。「毎日6時から11時まで4ステージ、毎日演奏で週3日リハーサルもあり、それが365日続きました」と久良は述懐している。さすがに労基法違反にあたり、最後の5年間は多少ましになったと思われるが、過酷な環境ではあった。歌謡曲や演歌の伴奏もあり、不本意な時も過ごした。

バンドマスターの仕事について、野力久良はこう書いている。

現在のバンドや歌手は、どこかの音楽事務所（プロダクション）に所属して給料を貰うのだが、当時はバンドマスター（バンマス）が直接、店と契約して仕事を請け負うのが普通であった。

バンマスは、いわば下請け会社の社長の様なもので、大体二人分のギャラを貰えるかわりに、人事はもちろんのこと、会計、親会社との折衝、編曲や写譜と云った楽譜の準備、管理、それにメンバーの慶弔費迄全部持たなければならないのだから、大変な仕事であった。

「ＫＰＪＯニュース」50号（93・2・1）

野力久良とともにベラミバンドを支えた、木下晃（トランペット）の記事が「うたごえ新聞」第一〇八五号（一九八五年一一月二五日・一二月二六日付）に掲載されているので紹介しよう。当時の労働条件のことがよくわかる。

十九歳の時、アメリカ進駐軍の見習いバンドボーイから出発した木下さんは「ベラミ」開店（一九五六年）半年後に入店。「ベラミ」のオーケストラは音楽水準も高く、ジャズメンの憧れの場所でありつづけてきました。「（※他店からの）引きぬきに応じて、仲間を裏切るなんてできない。そして、「ベラミ」で仕事するのは誇り、ボーナスも保険もない口約束だけの仕事でしたがね」と、木下さんは語ります。

最盛期のベラミ楽団員の給与は「一般人の10倍近いギャラをもらって豪遊していた」という証言もあり、こうした高額のギャラは他店に引きぬかれないためだったに違いない。野力久良に話を戻そう。

越路吹雪、坂本九、美空ひばりなど日本中の有名な歌手の演奏をやりましたね。レコードもたくさん出ていました。

サム・テイラーは僕らも聴くまでは馬鹿にしていたけれど、実際吹き始めると一人でサックスセッション5人分のボリュームを出して、その凄い音にビックリしました。彼はやっぱりジャズミュージシャンでアドリブも音も素晴らしいプレイだったと思います。

あとカウント・ベイシーが京都会館の帰りにメンバーみんなで来るというので「April In Paris」の演奏で迎えたらみんな喜んで拍手しながら来店してくれたり、グレン・ミラーオーケストラはベラミに出演したのですが、僕がクラリネットで参加して「ムーンライト・セレナーデ」を共演したことも思い出ですね。

（『ジャズ批評』二〇一五年一一月、一八八号）

二〇二三年一一月一四日午後、長岡京の野力優さんのご自宅を訪問し、同居しているお母さまの美代子さんと話をすることができた。美代子さんははっきりした口調で言った。

「ベラミにはホステスさんが五〇人はいましたよ。バンマスだった夫は苦労したようです。当時のベラミ・ビッグバンド全員の月給六〇万円、それを一六人（※バンマスを入れれば一七人）で分けるのです。他店からの引き抜きもありますから、力のある人には給与を多くするなど差配せねばなりません。バンマスなのに手元に残るお金は少なかったのです」

一九七〇年代になってベラミの経営が傾くと、真っ先に削られたのが楽団員の人件費だった。美代子さんの証言はその頃のことなのかもしれない。

八　びわ湖ジャズフェスティバル

野力久良はベラミ時代、関西オールスターズのメンバーと歌謡曲や演歌の伴奏をさせられていても、あくまで自分たちはジャズミュージシャンなのだという矜持を持ち続けた。

……みんなジャズミュージシャンというプライドを持って演奏していたと思いますよ。お客さんの少ない夕方の最初のステージでは激しいジャズの演奏をしていたり、毎年琵琶湖バレイのジャズフェスティバルの演奏はみんな楽しみにしていました。

（『ジャズ批評』二〇一五年一一月、一八八号）

琵琶湖バレイの駐車場でオールナイト開催された「びわ湖ジャズフェスティバル」のことを私は知らなかったが、かつて参加したことのある知人がこんなメールをくれた。

びわ湖バレイのジャズフェスへは数年続けて行ってました。20代のころだった。開催は夕方頃から翌朝まで。会場はびわ湖バレイの駐車場だったと思う。明け方にびわ湖がうっすら現れる光景は美しかった。歩くところがないくらいの観客で屋台も出ていたり、今思えばジャズ好きだけでなくお祭り的な野外大イベントでした。わたしは途中眠くなると石段で寝たりしてた。踏まれそうになりながら。職場の同僚たちと、楽しかったな。懐かしい。

ジャズフェスの最初の名称は、「サンケイバレイ・ジャズ・フェスティバル』。琵琶湖バレイが当時はサンケイバレイと呼ばれていたからつけられた。スポンサーはコカ・コーラとファッションブランド・VAN、そして産経新聞社だった。ステージの後にあるのは頂上まで人を輸送するベルトコンベヤー式のカーレーター。大規模な機械設備の割に輸送人員が少ないという理由で、一九七五年に廃止された。

http://smjx1969.starfree.jp/biwakojazz.htm　によれば、一九六〇年代の「びわ湖（サンケイ）バレイジャズフェスティバル」の出演者は次の通りである。「関西オールスターズ」の名がないが、演奏するのはもう少し後である。なお、「北野タダオとアロージャズオーケストラ」「古谷充とザ・フレッシュメン」もベラミで演奏していた楽団であり、後述することになる。それにしても、豪華で華麗な出演陣である。

第1回　1965年
松本英彦カルテット
松宮庄一郎とシックス・ジョーズ
近藤正春と大阪キューバン・ボーイズ

第2回　1966年
白木秀雄クインテット
伊藤素道とリリオ・リズム・エアーズ
三保敬太郎とケイタローズ
北野タダオとアロージャズオーケストラ
ザ・リンド
大阪キューバン・ボーイズ
青島幸男

第3回　1967年
渡辺貞夫カルテット
白木秀雄クインテット
坂本スミ子
加藤ヒロシとリンド・アンド・リンダース
宮間利之とニューハード
北野タダオとアロージャズオーケストラ
古谷充とザ・フレッシュメン
三保敬太郎とムーン・シャドウズ　他

第4回　1968年
中村八大クインテット
松本英彦
西条孝之介
白木秀雄クインテッ
古谷充とザ・フレッシュメン

1967年の『サンケイバレイ・ジャズ・フェスティバル』
写真提供：大津市歴史博物館

北野タダオとアロージャズオーケストラ
前田武彦
コント55号　他

第5回　1969年
渡辺貞夫カルテット
日野皓正カルテット
白木秀雄クインテット
三保敬太郎とホワイト・キックス
古谷充とザ・フレッシュメン
北野タダオとアロージャズオーケストラ他

ベラミの系列店で演奏していた橋本隆さん（ベース）の証言によれば、「滋賀県のサンケイバレイと云う場所で夏にオールナイトのライブイベントがありまして毎年最後のステージが『（※野力久良と）関西オールスターズ』の演奏でした」とのことで

1967年の『サンケイバレイ・ジャズ・フェスティバル』
写真提供：大津市歴史博物館

ある。橋本さんの証言を続けよう。

お昼はハワイアンとかフォークソングとかフュージョンとか、夕方からジャズですね。当時は日本中各地でサマーフェスティバルとかが盛んに行われていましたね。関西オールスターズが終わって仮眠してから琵琶湖で遊んで帰るコースが定番でした。

九　ベラミで演奏した高校生・野力奏一

野力久良には妻との間に二人の息子と一人の娘がいた。長男・奏一さん（一九五七生）、次男・優さん（一九六〇生）、長女・千穂さん（一九六五〜八八）である。千穂さん誕生の前年、伏見区醍醐に一戸建てを購入し、中京の実家の離れから転居した。醍醐からベラミへは車を運転して通った。

優さんは現在長岡京に住んでおり、民間企業を定年退職後、ドラマーとしてバンド活動を再開した。正確に言えば、高校生のころにやっていたバンドを、三〇代で再開、定年後に本格的にミュージシャンの道を歩み始めたのである。私が優さんを通して野力久良に関する資料を入手することができたことについてはすでに書いた。一方、兄の奏一さんは日本を代表するジャズピアニストであり、映画「キッチン」や「ハナ」などの作曲も手掛けている。奏一さんは、私にベラミ関係の貴重な資料を送ってくれた。

子ども三人の教育費のことや、ベラミが斜陽化していることへの不安もあったのだろう。野力久良はベラミのバンマスをやりながら、四条にその頃めずらしいサイホン仕立ての珈琲をメインにした「ノリキコーヒー」を開店（一九七五年）。一階が喫茶、二階を自宅とし、二条から引っ越したのである。妻・美代子さんはこう証言する。

「四条の一等地、美味しいコーヒーが飲める店ということで、支店長さんやサラリーマンの皆さんが利用してくれました。多い日は一日一〇〇人から二〇〇人もお客が来てくれましたが、家賃が二〇万円もしたので、やりくりは大変でした」

野力久良は夜のベラミでの仕事を終えると深夜に帰宅、美代子とともに早朝より起き出し、朝六時頃よりノリキコーヒー店を開店した。店が暇になる午後二～四時ごろに仮眠、早めの夕食をとり、ベラミに向かった。行きはバスに乗ったが、帰りは深夜になるのでタクシーを使った。美代子は子育て家事一切、朝からは一日喫茶店の手伝い、夕方久良がベラミに「出勤」した後は、大学生のアルバイトと一緒に午後七時まで営業を続け、その後店の片付けをした。

それでも幼い優さんから見れば、「おやじは好きなことを楽しんでいた」ということになる。ノリキコーヒーは一九八二年、小さなスタジオ（ノリキスタジオ）を併設し、久良が音楽の指導者として活動する拠点とした。ノリキスタジオはその後、京都駅八条口に移転する。

ジャズ評論家の高木信哉氏は野力奏一さんについて「彗星のように現れたピアニスト」（祇園甲部組合「ぎおん」No.２５５、二〇二三年、秋季号）と書いているが、父・久良は早くから奏一さんの才能に気付いていた。

奏一さんは一九五七年一〇月生まれである。「ぎおん」に載った高木氏の文章をたよりに、野力奏一さんの人生をスケッチしてみよう。


……（※奏一さんの）父はサックス奏者で、京都のナイトクラブ「ベラミ」の十七人編成のビッグバンドのバンマスを十六年も務めた京都ジャズの重要人物だった。「ベラミ」は三条大橋のほとりにあり、東京赤坂の「ニューラテンクォーター」と並んで、全国にもその名を知られた名門ナイトクラブ。トニー・ベネットやヘレン・メリルなど海外の大物歌手も出演した伝説の京都の名店である。

（「ぎおん」No.２５５）

東洋一のナイトクラブと言われたニューラテンクォーター（※New Latin Quarter）は、北朝鮮出身のプロレスラー力道山殺傷事件の現場として有名だが、一九五三年に開店し一九八九年に閉店するなど、ほぼ京都のベラミと同じような足跡をたどった。

高木氏の文章を続けよう。

野力（※奏一）は、幼少よりクラシック・ピアノを学んだ。十歳の時、カウント・ベイシー楽団の来日公演を聴き、ビッグバンドの迫力とベイシーの綺麗なピアノの音に衝撃を受けた。中学、高校では、学校の友達とロックなどのバンド活動をした。高校二年生（十六歳）の夏、父親から「〝ベラミ・オールスターズ〟に入って、ジャズをやらないか？」と言われて、ピアニストとして参加した。最初は緊張したが、1カ月ぐらいで慣れた。父親は息子の才能を見抜いていた。昼間は高校、夜はピアニストとして深夜まで演奏、相当大変で日々眠かっただろう。

（「ぎおん」№255）

父・野力久良が奏一さんを誘ったのは、バンドに欠員が生じたことが直接のきっかけだったが、才能を見つける眼は確かなものがあったのだろう。ベラミ退団後、久良は指導者としてその力を発揮することになる。

野力奏一さんが東京へ旅だったのは、一九歳のときのことである。奏一さんの背中を押したのは、由紀さおりとベラミ楽団の仲間たちだった。高木氏の文章を引用する。

野力奏一が十九歳の時、「ベラミ」に、有名シンガーの由紀さおりが出演した。由紀は、「夜明けのスキャット」が一五〇万枚も売れる大ヒット、紅白歌合戦の常連という大スターだった。由紀は、若い野力のセンスの良いフレッシュなピアノが気に入り、「ねぇ、東京へ来ない？　私のバンドに入らない？」と自分のバンドに誘った。野力は、悩んだあげくお断りしたが、由紀が自分のことを高く評価してくれたことが嬉しかった。野力は翌一九七七年（一九歳）、ジャズがやりたくて単身上京した。

（「ぎおん」No.２５５）

野力奏一さん自身はインタビューに答えて、上京のいきさつとその後のことをこう話している。

19歳の時、バンドの仲間たちが、「お前は東京に行け」みたいなことを盛んに言うので、知り合いのつてで、ピアニストの市川秀男さんを尋ね、市川さんからジョージ川口さんや、ヴァイブラフォン奏者の松石和宏さんを紹介して頂き、東京でのキャリアをスタートすることができました。

（「ぎおん」No.２５５）

高木氏の文章は、インタビューよりももう少し詳しくなっている。市川秀男、ジョージ川口、水橋孝、渡辺貞夫、山下達郎、本多俊之など煌めくミュージシャンの名前とともに野力奏一さんは語られる。長文になるが転載しよう。

最初に有名なピアニスト、市川秀男を訪ねた。市川は「ジョージ川口とビッグ・フォア」のメンバーだった。野力は、市川の都合が悪い時にトラ（代役）として、バンドに入った。ビッグ・フォアの初代ピアニストは、中村八大（『上を向いて歩こう』を書いた）である。日本を代表する超名門バンドで、ジョージ川口（ドラマー）と水橋孝（ベース）に鍛えられながら、野力は瞬く間に成長していった。まだ二十歳そこそこだったが、急速に腕を上げた。その場その場で、瞬間的にイントロを弾いたり、即興演奏（アドリブ）したりすることができるようになった。

ジョージ川口の大迫力の怒涛のドラムと野力のよくスイングする粋なピアノの相性は抜群で、大評判を呼んだ。まさに野力奏一は彗星のように東京のジャズ・シーンに現れたのである。そして、一九八〇年代に入ると、野力は大忙しの売れっ子になる。人気アルト・サックス奏者の本多俊之の「バーニング・ウェイブ」に参加。自分のバンド〝野力バンド〟を結成し、人気シンガー、山下達郎のバック・バンドを三年半務めた。

一九八六年からは、遂に日本を代表するサックス奏者・渡辺貞夫のバンドのピアニストとなる。十年くらい在籍して、渡辺貞夫にとても可愛がられた。

（「ぎおん」No.２５５）

ベラミに出演させた高校生の息子・奏一が大きく羽ばたいていくのを、バンマスの父・野力久良は目を細めて見たに違いない。

二〇二四年二月三日、私は野力奏一さんご本人に、優さん宅で直接取材する機会を得た。高校生でベラミに出演し、高額のアルバイト料をもらっていたのではないかという私の質問などに対し、こう答えた。

「出演料はまったくもらっていません。ぼくをただで雇うことで、他の人の給与を上げたのではないですか、父はそんな人でした。父は今でいうＤＩＹが得意で、大工道具も持っていました。家の増築やキッチンづくりなど、プロ顔負けでした。スタジオの配線も自分でやっていました。穏やかな性格でしたが、まあ自分の好きなことをやっていたという感じでしたね」

翌二月四日、京都祇園ＳＩＬＶＥＲ ＷＩＮＧＳ（シルバーウイングス）のジャズライブで私は野力奏一さんのピアノを聴いた。前日のインタビューの時とは別人の、音楽に真摯に向き合う奏一さんの生き方を間近で見ることができた。ドラムは弟の優さん、ベースは中島教秀さん、ボーカルはＫｉｋａさん。

発見されたベラミ楽団の楽譜

十　発見されたベラミ楽団用の楽譜

二〇二四年二月末、野力優さんより二つの曲の楽団用にアレンジされた楽譜の束が送られてきた。楽譜の左上に印字された「H．Noriki」があるので、優さんの父・野力久良直筆のものであることは間違いない。「Almost Like Being in Love」をドラムやサックス、トランペット、ピアノ奏者のためアレンジしたものである。邦題は「恋しているみたい」。戦後のスタンダードナンバーで、多くの人たちに歌いつがれた、いわば名曲である。

　優さんによれば「この楽譜は以前に親父（※久良）が指導していたKyoto Super Jazz Bigband（KSJB）の、現在のバンドマスター・今井孝さん（トロンボーン担当）が保管されていたもの」とのことである。ベラミのバンマスだった野力久良は、それぞれの楽器用にアレンジした楽譜を用意していた。それが発見されたのである。

野力久良がバンドのためにアレンジした楽譜の一部

SUNY On the sunny side of the street

本庄様

ご連絡ありがとうございます。

1）正確に覚えてないのですが、1ページの右上にH．Ｎｏｒｉｋｉと書いてあれば間違いなく親父のアレンジですし、もし書いてなくても、バンド譜面を全部ほかから持ってくるというのは考えにくいので、親父のアレンジだと思います。他の方の名前が書いてあったら、その方のアレンジですし、その場合はまだ別の譜面もありますので、再送させていただきます。

2）明らかにＳｕｎｎｙの間違いですね。「On the sunny side～」ではなく、まさに曲名がＳｕｎｎｙだと思います。特に昔のミュージシャンは英語のつづりとかいい加減で、間違っていることが多いです。

ＳｕｎｎｙのYouTube例：https://www.youtube.com/watch?v=ubvYQxTXO3U

以上、よろしくお願いします。

一章

高級ナイトクラブ「ベラミ」

一　高級ナイトクラブ「ベラミ」

ナイトクラブ「ベラミ（bel-ami）」が京都三条大橋東（当時の地図参照）で営業していた時期は、一九五七年から一九八三年までの二六年間である。オーナーの山本千代子が考えたキャッチコピーは、「世界のショウ・世界のサービス・世界のクラブ」。四半世紀のあいだ、専属楽団（野力久良と関西オールスターズ）を持ち、その演奏をバックに、国内外の一流スターたちが連日ベラミの舞台に出演した。千代子は他のクラブ同様、「ママ」と呼ばれていた。

「ショウのご案内」と書かれたベラミのチラシには、ある年の一〇月の出演者のスケジュールが掲載されている。そのうち著名人ということなのだろう、ペレス・プラード、テレサ・テン、園まり、安西マリアらは写真入りでの紹介となっている。

ペレス・プラード（一九一六～八九）はキューバ生まれの著名なバンドリーダー。一九四〇年代にジャズとルンバのリズムを組み合わせた「マンボ」を流行させ、「マンボキング」と呼ばれた。メキシコに移住したペレス・プラードは楽団を率い、アメリカをはじめ各国で公演、日本には一七回やってきた。そのうちの数回がベラミでの演奏だった。ペレス・プラード楽団とベラミ専属楽団との共演だったと思われる。

テレサ・テン（一九五三～九五）は台湾出身の歌手。日本、マレーシア、タイなどアジア各地で活動したため「アジアの歌姫」と呼ばれる。一九七四年に来日し、デビュー二作目の「空港」が大ヒット、ビッ

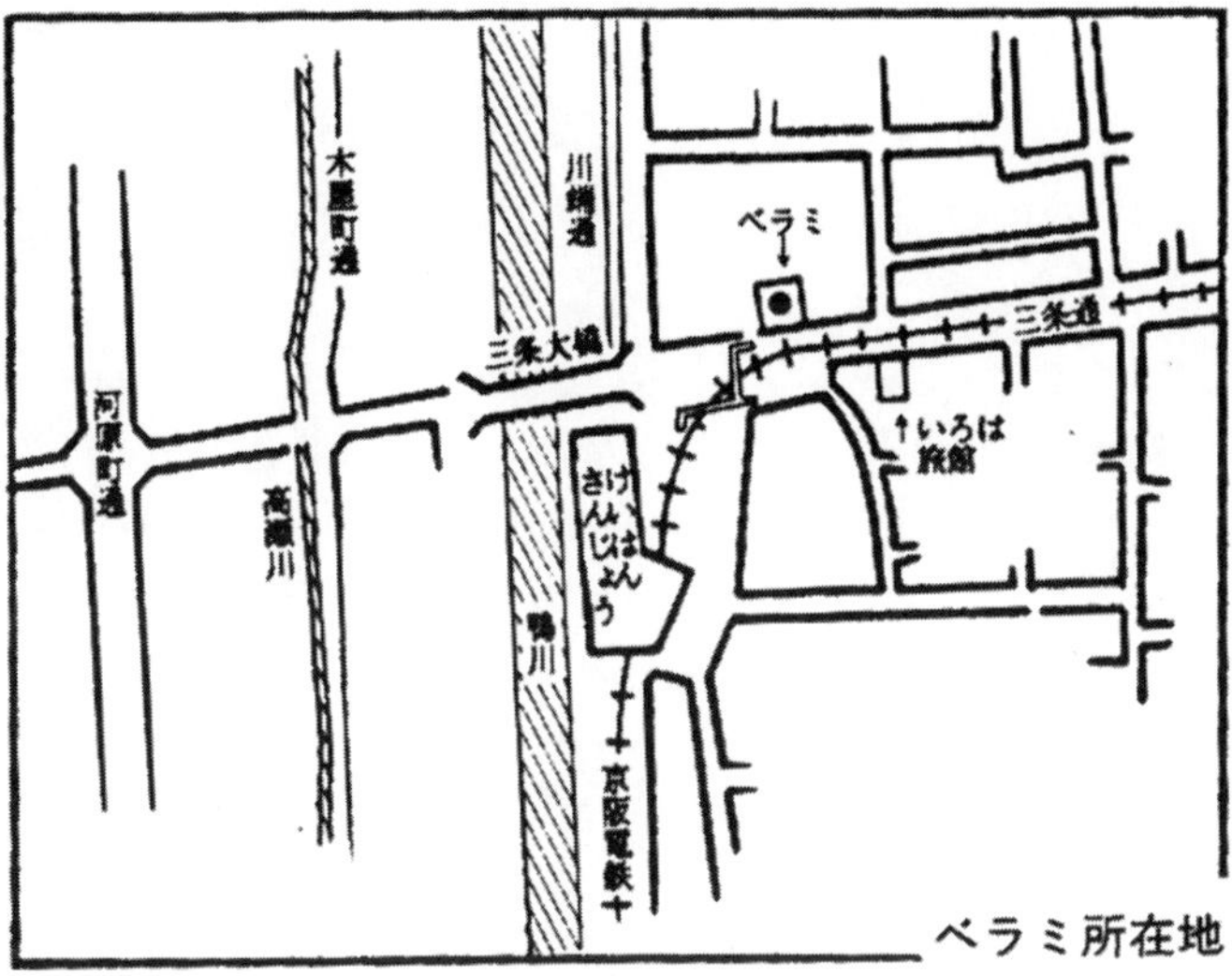

吉田一博『ベラミ伝説』（1991年、データハウス）

グ・スターの仲間入りを果たす。八四年再来日したテレサ・テンは「時の流れに身をまかせ」がメガヒットし、紅白歌合戦に出場した。一九九〇年代に喘息を悪化させ、九五年タイのチェンマイで死去（四二歳）。

園まり（一九四四〜）は横浜市出身の歌手。一九六〇年民放テレビ「あなたをスターに」で優勝し、渡辺プロダクション（ナベプロ）に入社する。「何も云わないで」「逢いたくて逢いたくて」などがヒットし、紅白歌合戦に六年連続出場。

安西マリア（一九五三〜二〇一四）は東京都出身の歌手でドイツ人の血が混じっているためエキゾチックな顔立ちとリズム感のある歌唱力で人気を博す。「涙の太陽」がヒット。一九七三年のレコード大賞新人賞受賞。

なお、ナベプロとベラミとの関係について

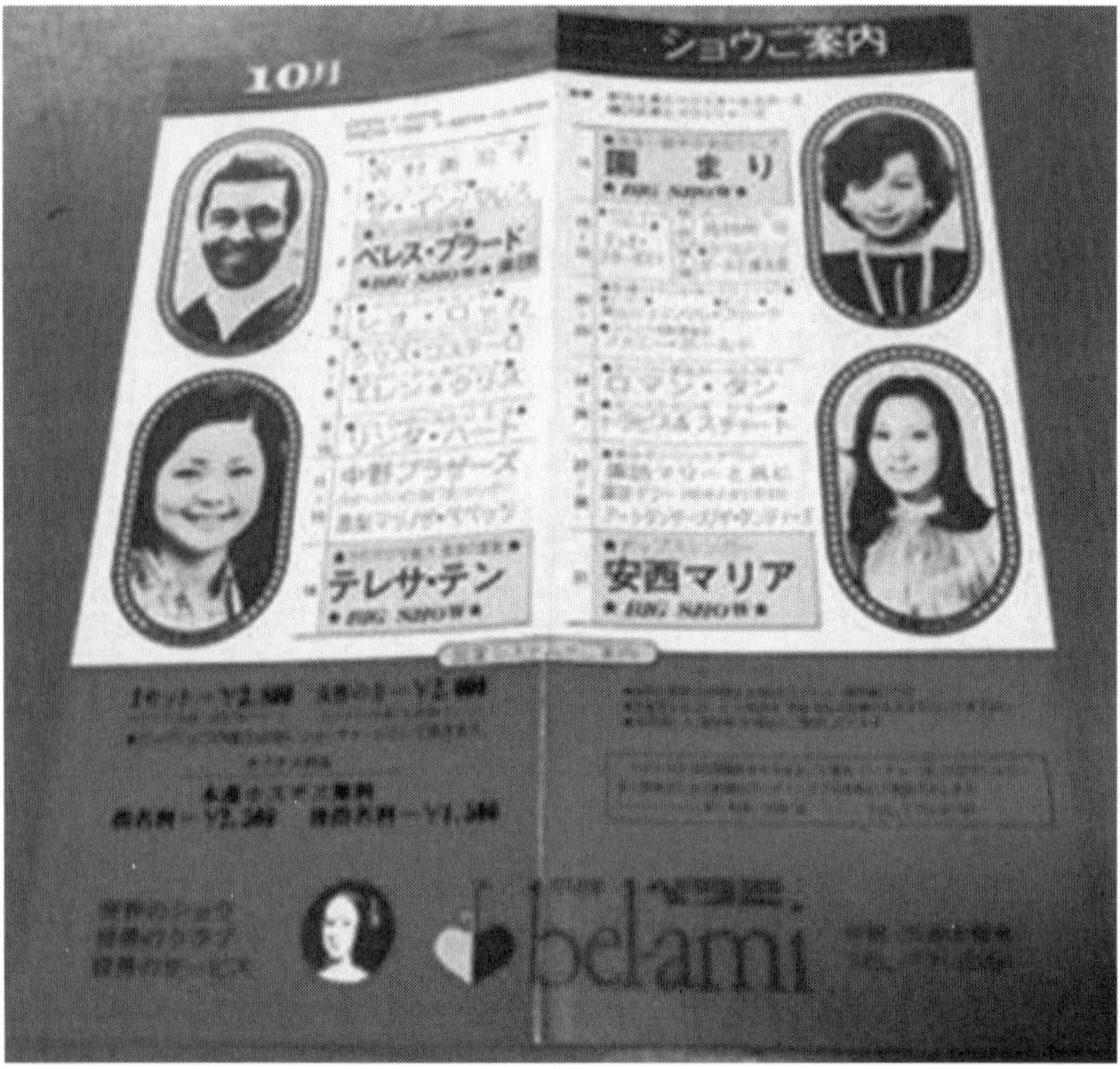

ベラミ店内に置かれたショーの月間予定表

は、ページを改めて書きたい。こうした有名人のショーは「ビッグショウ」と呼ばれ、特別料金だった。男性客はジャケットを着ることが条件とされ、入店料は三八〇〇円。女性（入店料二〇〇〇円）同伴か、同伴しない場合は店のホステスを指名することになっていた。

ベラミの店内図が残されている。三条通に面して斜めに切りこまれた入り口があり、ドアマンが立っている。中に入るとフロントとクローク。左に曲がったところがソファーの置かれたロビーとなっている。ロビーの後は厨房だが、客からはまったく見えない。大きなステージの前にはダンスフロア、一番後ろには少

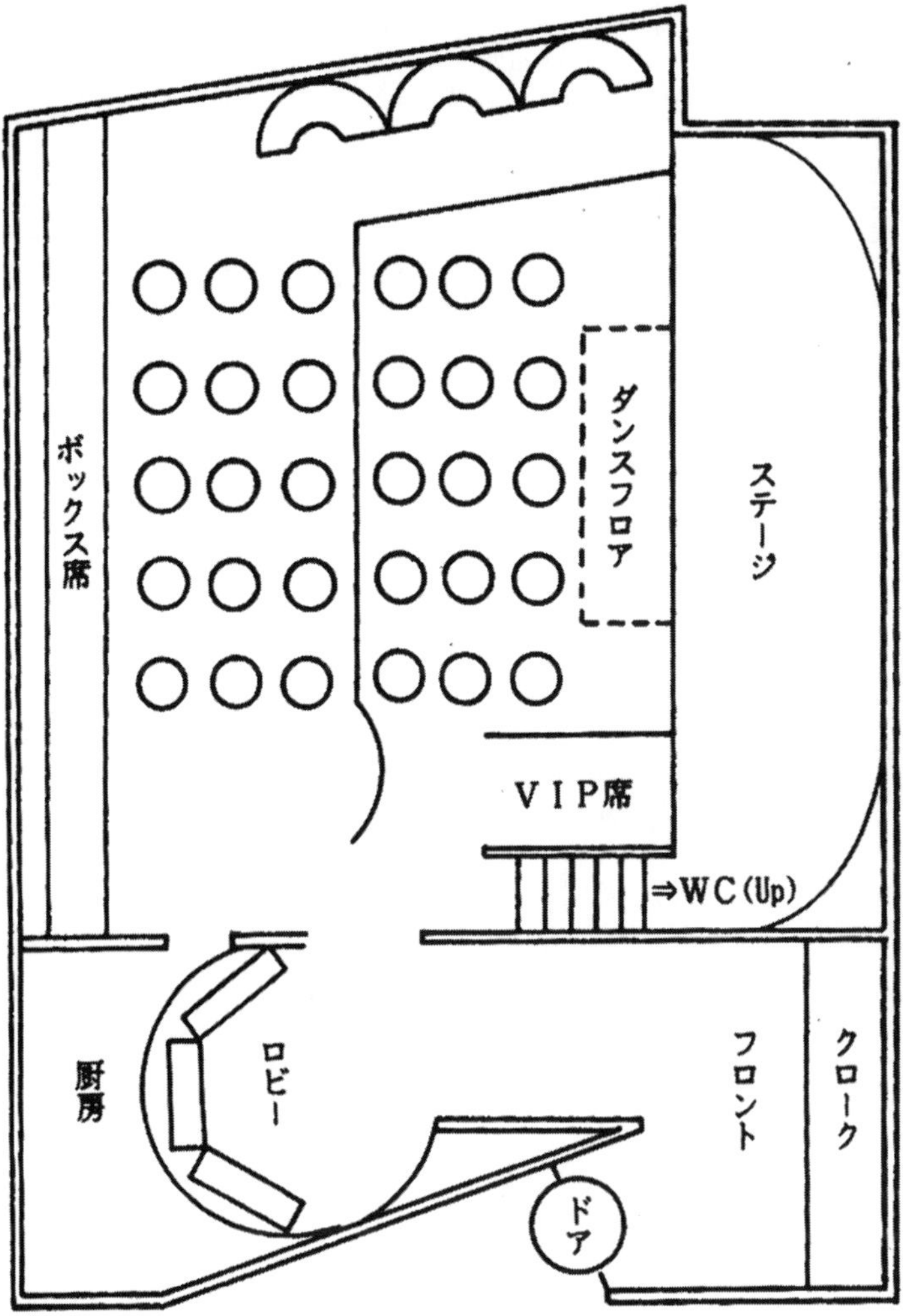

店内見取り図

吉田一博『ベラミ伝説』（1991年、データハウス）

人数の客のためのボックス席が用意されている。テーブルは三〇ほどもあり常時二〇〇人近い客が入ることができた。ステージに向かって左側には大勢のホステスたちが坐る。右側は芸能人や京都の財界人のために用意された貴賓席（ＶＩＰ席）である。

二　京都の映画産業とベラミ

ベラミがオープンした時期は、日本映画の全盛期と重なる。日本映画産業の一大中心地となっていた京都には多くの俳優が長期滞在した。なかには京都に家を建ててしまう俳優もいた。勝新太郎、田宮二郎、高峰三枝子、岩下志麻、藤山寛美らはＶＩＰ席の常連客だった。ＶＩＰ席は、他の客たちにとっては銀幕スターたちの姿を覗ける場ともなっていた。女優・高峰三枝子が『広辞苑』を編纂していた新村出と出会うロマンスも、京都ならではものだった。高峰は京都の新村邸（現在の「重山文庫」）を訪問したばかりではなく、新村の葬儀にも参列している。「東洋のハリウッド」とも呼ばれ、東映や大映、松竹をはじめとする大手映画会社の撮影スタジオがあり、ロケ地にも恵まれていた京都という地の利がベラミ隆盛のカギともなっていた。

勝新太郎の豪遊ぶりはつとに有名であり、豪遊と散財により莫大な借金を抱えたことなど、知り合いから聞くことができるのも京都ならではだ。松方弘樹邸を京都市内に新築した際、かかわった工務店の関係者が新築祝いの宴席に招かれたが、ちゃっかりと会費をとられたエピソードなども私の身近で語られている。

映画からテレビに人びとの関心が移行するなかでも、長くスターの座に居続けた中村錦之助の名がベラミ常連客の中にないのは、錦之助が東映俳優クラブ組合（労組）委員長だった（一九六五年）こととも関係あるのではないか。京都では影響力のある左翼系リベラルの人びとが多く、俳優組合は同

ベラミの新聞広告（この時期は「仕事人」ではなく「仕業人」と言った）

じ思想的傾向にあった。これに対して、ベラミに通うワコール、佐川急便、京セラなど京都財界のメンバーは右翼系保守だった。同じ京都の財界人でも日本最大の菓子チェーン店タカラブネを率いたのは京大で六〇年安保闘争をたたかった新左翼系の人びとであり、やはりベラミには行かなかった。ベラミは京都の「夜の社交場」と言われるが、主に保守系の人びとの交流の場になっていたのである。

一九七一年に大映が倒産し、映画産業の衰退が明らかになると、ベラミは藤田まことらテレビ時代劇「必殺仕事人」俳優陣をステージに呼ぶようになる。ベラミは日本の大衆文化の推移（それは「俗化」でもあった）を映す鏡でもあった。一九七六年の新聞広告には「必殺シリーズ放映200回記念　6月16日『必殺仕業人』（オールキャスト出演による）必殺祭！」とあり、藤田まこと、大出俊、渡辺篤史、中尾ミエ、中村敦夫が出演している。必殺シリーズは東映太秦映画村（一九七六年に京都太秦でオープンする時代劇テーマパーク）を含むスタジオで撮影されており、毎週の放送のため出演者たちは京都に長期滞在していた。放映200回記念作品「あんたこの替玉どう思う」は、ベラミでの「必殺祭」の九日後の六月二五日に朝日放送系でテレビ放映された。テレビ局側にとってはその宣伝も兼ねていたのであろう。キャストたちにすれば、ベラミへの出演は「小遣い稼ぎ」でもあった。

三　小説『ベラミ』に魅せられて

ベラミのママ・山本千代子が店を開いたのは一九五七年、二八歳のときである。実は千代子の経歴はよくわかっていない。吉田一博『ベラミ伝説』（一九九一、データハウス）や広告などの資料、証言などを重ね合わせ、ベラミ開店までの千代子の足跡をたどってみよう。なお、『ベラミ伝説』は千代子に愛された（とされる）吉田の自慢話満載の本だが、ベラミ所在地や店内見取り図など正確に記録している部分も多い。自己中心的で誇大な内容があるが、基本的に嘘はない。この本がなければ、ベラミの詳細な内容にはたどりつけなかった。

『ベラミ伝説』によれば、千代子は京都の女子大でフランス文学を学んだ才媛とされるが、いったいどこの大学だろうか。同志社女子大や京都女子大の名が浮かぶが、戦後に発足したそれらの女子大にはフランス文学科などは存在していない。モーパッサン（一八五〇～九三）の長編小説『ベラミ』はフランス自然主義文学の傑作とされる。在学中に『ベラミ』に魅せられた千代子は、フランス社交界のなかでのしあがっていく元下士官の主人公・デュロアに自分を投影し、店の名にしたのかもしれない。吉田は自分こそがデュロアだと書いているが、才能はないが美貌と謀略で世渡りをしているという点では似ていなくもない……。なお、フランス語の「ベラミ」とは「美しい男友だち」のことである。

『世界文学全集』第三四巻（一九六二、河出書房新社）で『ベラミ』を翻訳したのは、明治大学教授・中村光夫（一九一一～八八）だった。中村は同書「解説」のなかで、「この小説を杉捷夫（※一九〇四～九〇年、東京大学教授）御助力で白水社から譯しだしたのは、昭和十（※一九三五）年です」と書いているが、敗戦から三年後の一九四八年に同じ白水社から『ベラミ』の訳書を出版しているので、千代子が読んだのは戦後版の方だろう。中村には『風俗小説論』（一九五〇、河出書房）などがあり、日本の私小説に対して批判的見地を持つ文芸評論を展開していた。

中村光夫はデュロアについて、全集「解説」においてこう語っている。


主人公のデュロアは、悪党にちがいありませんが、多くの小説に登場する悪漢とちがって、彼はその悪行を読者にうけ入れられるようにする美点をなにひとつ持っていないだけでなく、現実の悪人でも大がい備えている筈の、才能や知性すら持っていません。

彼の成功はたんに悪の勝利ではなく、同時に凡庸と低俗の勝利であるので、この小説の読後に、誰しも感ずる、一種出口のない暗さは、そこからくるようです。


モーパッサンの心中にはデュロアの悪行の肯定という自己内省があったと思われる。デュロア的内省はモーパッサンの精神を切り刻んだ。彼は麻薬乱用や自殺未遂後、パリの精神病院に入院、一八九三年、四二歳で死去する。千代子はこの薄幸な小説家に自らを重ねたのだろうか。

ベラミに先行して営業していたナイトクラブは、大阪のメトロと東京のニューラテンクォーターである。ただし、メトロもニューラテンクォーターもナイトクラブというよりむしろ巨大キャバレーであり、ビッグバンドが演奏するステージと屋根の高い大きなダンスホールを併設していた。メトロでは、女性ダンサーが全身に銀粉をまとい踊る「銀粉ショー」が行なわれるなど、猥雑なイメージもある。一方、東京のニューラテンクォーターの方はアメリカのラスベガスを模倣したと思われる豪華なショーが目玉だった。両方とも、「東洋一」をキャッチコピーにしていた。

ベラミは京都では一番の規模となるが、メトロやニューラテンクォーターに比べれば小さな店である。ママとなる山本千代子はこの店にフランス風の名前「ベラミ」をつけただけではなく、ショーもダンスもあるが、同時にホステスとの会話を楽しむ上質な店として営業した。猥雑なメトロや絢爛たるニューラテンクォーターとの差異を考えたのであろう。モデルとなったのは、一九世紀末にフランスのパリにあったムーランルージュではなかったか。ロートレックが踊り子を描き、ルノアールが絵筆をふるった場所である。ムーランルージュを題材にした映画「赤い風車（ムーランルージュ）」は一九五二年のハリウッド作品であり、フランスに行ったことのない山本千代子はこれを見た可能性がある。脚に障害を持った画家・ロートレックの悲恋がテーマとなったこの映画の舞台がムーランルージュだったのである。千代子はフランス音楽・シャンソンを愛し、シャンソンを歌う越路吹雪を何度もベラミのステージに招いた。

ジャズ評論家の高木信哉氏からはこんな情報を寄せていただいた。

「ベラミの歴史」についてですが、その始まりは、戦後まもなく、山本千代子が四条小橋に喫茶店「ベラミ」を開いたことだった。繁盛したので、四条河原町に移動し、ジャズ喫茶「ベラミ」となった。ピアノの弾き語りを入れ、同志社大、関西学院大、甲南大の学生バンドを出演させた。やがて、三条大橋東際のナイトクラブ「ベラミ」へ発展した。山本千代子は才覚があり、東京の渡辺プロダクション、大阪の「銀馬車」、神戸の「コペン」とネットワークを結んだ。

東京にはシャンソンを聴かせる「銀巴里」というナイトクラブがあった。千代子はベラミをフランスのサロンのようなクラブにしたかったと思われるが、経営的にはそれでは客は集まらない。年二回の越路吹雪ショーでシャンソンを聴かせようとしたのが精いっぱいだったのだろう。千代子は、試行錯誤を重ねながらステージを作っていったと考えられる。

なにはともあれ、ベラミはフランス文学というバックボーンを持ったナイトクラブとして始まった。その中心はステージのスターと楽団、客を接待するホステスだった。次節ではまず、ベラミのホステスがどんな女性たちだったのかについて述べてみよう。

四　ホステスという職業の確立

山本千代子が生まれたのは一九三〇年頃であり、今では当たり前だが当時は高等女学校から女子大(戦後)に通うのは裕福な家庭の娘だけだった。在学中にフランス文学を勉強したことについては、前節で触れたとおりである。

大学卒業後、当時の金持ちの娘たちがそうであるように、(いや敗戦のごたごたで家運は傾いていたかもしれないが)骨董品店を営む男と見合い結婚した。京都の骨董品店は資産家が多く、年齢差はあるがお似合いの結婚だったにちがいない。
しかし、夫の骨董品店が敗戦後の経済危機（食糧危機）のなかで行き詰まってしまう。千代子は骨董を整理して得た資金で、流行のきざしのあった喫茶店を開いた。千代子の喫茶店経営について、吉田一博はこう書いている。

店がいつも混んでいるように演出するのである。客が来なくても、まるで大勢入っているように、机の上にピーナッツのカスをこぼしておいて。客が来た時点で急いで掃除してみせたり、はやっている店はコーヒーの香りで充満しているはずなので、七輪でコーヒーかすを常に沸かしておいたり、活気を演出していたのである。
（『ベラミ伝説』）

この喫茶店は成功し、ライブのあるジャズ喫茶「ベラミ」に発展する。このジャズ喫茶には、渡辺晋が演奏家として出演していたと吉田は書くが、史料的な裏付けはない。渡辺は早稲田大学の学生のときから、進駐軍の前で演奏するバンドマンとして生計を得ていた。一九五〇年に朝鮮戦争が始まると進駐軍は朝鮮に派兵され、進駐軍ビジネスが無くなり、ジャズミュージシャンたちはジャズ喫茶に活路を見出すようになる。千代子の目の付け所は確かだった。いずれせよ、その後、千代子と渡辺はショービジネスにおいて濃厚な関係になるのはまちがいない。

千代子の始めたジャズ喫茶「ベラミ」は大成功し、一九五七年これがナイトクラブ「ベラミ」に発展する。ナイトクラブには本格的なステージがあり、専属楽団が演奏を担当した。ダンスエリアもあるが、ステージで繰り広げられるショーを楽しみながらホステスたちと談笑するという上品なクラブを、千代子は目指したのである。楽団、ダンサー、コーラスなどよりも、千代子はホステスの質にこだわり給与を高く設定した。その金額は楽団員よりも高かった。それは後に専属楽団「関西オールスターズ」のバンドマスター野力久良がベラミを去る理由の一つともなる。ホステスには歩合給とともに一定額の月給を支払った。彼女たちの着る服も、フランス上流階級がサロンで身につけていたものに負けないロングドレスとした。

ホステスという名称も千代子がつけたとされるが、欧米文学翻訳書には「ホステス」の名は登場しているので、千代子がホステスという職業を確立したという方が正しいだろう。「四章　ベラミ前史Ⅱ」で詳論するが、米軍御用達のバンドの仕事はダンサーとセットになっており、ジャズミュージシャンは、進駐軍将校や兵士と踊る日本人ダンサーのために演奏した。バンドもダンサーも米兵からのチップで稼いだ。ここにはホステスはいなかった。

一九世紀末フランス風ロングドレスを纏《まと》った女性がほほ笑む。床には赤絨毯が敷き詰められ、ステージでは煌びやかなショーが演じられる。ナベプロの渡辺晋と組んだ本格的なショーは、日本でも稀有なものとなった。こうした非日常的な空間がベラミだった。資金繰りは大変だったが、千代子はこの仕事でフランス文学に描かれたゴージャスな世界を蘇らせたのである。

五　ホステス・朴玉姫

繊維大手のユニチカ株式会社（旧日本レイヨン）に採用された阪本伊三雄は、初めてのボーナスを懐に入れベラミの赤絨毯を踏んだ。一度行ってみたかったのは、ナイトクラブ・ベラミが本格的な楽団を擁《よう》していたからである。ビッグスターのステージ以外ならば、高額ではあるが手の出ない入場料ではなかった。数人の同僚もいたが、誰もが初ベラミである。

ベラミは女性同伴がルールである。男ばかりのグループだったので、三〜四人のホステスが横に坐った。たぶんホステスを前にあがっていたのだろう、どんなステージだったのかを伊三雄は覚えていない。

「あら、いさおちゃん？」

伏し目がちの阪本に声をかけたホステスがいた。切れ長の目をした色白の女性だった。顔をあげた伊三雄は女性をじっと見ていた。

「もしかしたら、玉ちゃん？」

伊三雄は小学生時代の朴玉姫（仮称）のあどけない顔を思い出した。

「阪本は隅に置けんやっちゃ」

同僚の誰かが言った。他のホステスたちは手をたたいて囃し立てた。玉姫は悪びれる様子もなく、「少し待って」と言いながら、横を通ったマネージャーを呼んだ。

「私の幼馴染なの。家族共々、お世話になったの。ボトルサービスしてね」。嬉しそうな顔で玉姫が頼んだ。

「はい、かしこまりました」とマネージャー。スコッチウイスキーのカティサークであった。

伊三雄と朴玉姫の出会いは池の畔だった。

伊三雄の父は山科区にある神社の神職である。面倒見のいい人で、戦前は治安維持法違反で検挙された京都大学のT教授を泊めたこともあった。戦後は神社近くの山の頂にある京大花山天文台が進駐軍に接収される。天文台には水源がなかったので、アメリカ軍将校が阪本一家の住む神社に水を汲みにやってきた。そのことがきっかけで、伊三雄少年は花山天文台への出入りを許され、天体望遠鏡で夜の空を眺める体験をすることができたのである。

天文台近くにその池はあった。正式な名前は稚児ヶ池。池の水上に板を張り出し、柱を立て屋根をつけた粗末な小屋が建てられていた。不法建築であるが、敗戦後の混乱期なので朝鮮人のこの小屋を誰も咎めなかった。水は池で汲むことができたし、池はトイレにもなった。蚊が多く不衛生ではあったが、そこに朴玉姫一家が暮らしていたのである。玉姫には父と母、妹がいた。玉姫は伊三雄少年と同じ鏡山小学校に通っていた。でも、ほとんど休学していた。

その妹が池に落ちて死んだ。母は嘆き悲しみ、衰弱して亡くなった。父は途方に暮れていた。伊三雄の姉は玉姫を家に連れて来て、髪を洗ったり、自分の服を与えたりした。奇麗になった玉姫を、年下の伊三雄は眩しく眺めた。

玉姫は中学校を卒業すると、美容師になるために稚児ヶ池の小屋を出た。

その玉姫が高級クラブのホステスとして目の前にいる。

ベラミのママ・山本千代子は、ホステスには容姿だけではなく、知的水準も高いものを求めた。国籍は問わなかったため、かつて植民地にしていた朝鮮の女性も採用した。朴玉姫もその一人だったのである。

六　楽団員たちの手がかり

一九五七年から一九八三年まで二六年間続いたベラミが閉店してから約四〇年が経過し、バンドミュージシャンたちは高齢者となり、少なくない方が鬼籍に入られた。

二〇二三年一一月二三日の夜京都三木屋町上ルにある京都エンパイアビル五階で開催された、京都スーパージャズビッグバンドによるライブに参加した折、ドラマーの野力優さんよりベースの橋本隆さんを紹介された。橋本さんは一九六八年から六九年の二年間、ベラミ系列店で演奏していたという。ベラミの系列店として、橋本さんが上げたのが、以下の二店だった。橋本さんが演奏していたのは、白鳳である。

烏丸丸太町北の「白鳳」

岡崎天王町の「キャッツアイ」

系列店というのは、歌手の融通などで提携していた店ということだろうか。ベラミとは別に美松という比較的大きな別系列の店もあったらしい。美松はその後、美松劇場という映画館になったが、二〇〇四年に閉館している。

京都音楽センター（当時）の東宗謙さんが、「KPJO NEWS」23〜27号（一九八九年一〇月〜九〇年二月）に「企業組合　京都ポップス・ジャズ・オーケストラ物語」を連載しているので、興味深い文章をひとつ転載しておこう。

わがバンドマンはクラブに仕事に行くことを「籍に入る」という。他にも様々な専門用語をつかう。だいたい逆に読めばわかる。ナオンは女。チャンカは母ちゃん、つまり女房。ヒーコはコーヒー。夜でも会えば、「お早うございます」。仕事が終われば「でした」――これは「おつかれさまでした」の略。やや本格的な専門用語が数字。「ゲーマンイーセン」とは、5万3千円のと。つまり、「C・D・E・F・G・A・B・C」と、「ドレミファソラシド」をコード名でよぶので、それを1234567にかえて、万や千をつけてよむ。ギャラの話しなどはほとんどこれだから、素人には全く何のことやらわからない。お金にかかわることばはもう一つだけ。「スーパン」これは「バンスキン」の逆さ略で、前借りのこと。

これらの手がかりに、京都音楽センターの倉庫に眠っていた「KPJO　NEWS」1〜57号（一九八七年一二月〜九六年一二月）からわかったことをつけ加え、「終章　京都ホップスジャズオーケストラ（KPJO）の一一年」でベラミ楽団員たちを蘇らせたいと考えている。うたごえ運動（京都音楽センター）とジャズバンドという異文化が出会ったことにより、貴重な第一次史料「KPJO　NEWS」が残されたという事実は、私たち歴史研究者に重大な示唆を与えているのではないか。

二章

越路吹雪とベラミのママ・山本千代子

ベラミの舞台にはどんな人たちが立ったのだろうか。歌手たちのバックで演奏するのはベラミ楽団（専属バンドの野力久良と関西オールスターズや、北野タダオとアロージャズ・オーケストラなど）である。ベラミのママ・山本千代子とともに経営を支えたと本人が言う、吉田一博の書いた『ベラミ伝説』（一九九一、データハウス）に記されていたベラミ出演者と常連客の名前に、私の調べたものを加えてみた。

一　海外のミュージシャン

ペレス・プラード（本書一章参照）、ザ・ベンチャーズ（米国のロックバンド、二度来日しエレキブームを起こす。「二人の銀座（原題はGinza Light）」など日本の歌謡曲も作曲）、レイ・チャールズ（米国ジョージア州オールバニ出身の盲目の歌手、作曲家、ピアニスト）、スタイリスティックス（米国のコーラスグループ）、ザ・シュープリームス（米国の四人組グループ）、ポインターシスターズ（米国のポインター姉妹のコーラスグループ）、プラターズ（米国の女性一人を含む五人によるロック・コーラスグループ）、サルヴァトール・アダモ（イタリアのシチリア出身、ベルギーで作曲家、歌手となる。代表曲「サン・トワ・マミー」「雪が降る」）、サラ・ヴォーン（米国のジャズボーカリスト）、バルビ・ベントン（米国のモデル・女優、雑誌「プレイボーイ」にも登場）、シルヴィ・ヴァルタン（フランスのミュージシャン）、サム・テイラー（米国のテナー・サックス奏者）、カウント・ベイシー（米国のジャズピアニスト）、グレン・ミラーオーケストラ（米国のスウィングジャズのビッグバンド）、トニー・ベネット（米国のジャズ歌手。「霧のサンフランシスコ」など）、ヘレン・メリル（米国のジャズ歌手。ハスキーな歌声で一世を風靡した）など。

ベラミに出演したミュージシャンのなかには、映画化されている人もいる。映画名を二つ上げておこう。まずは盲目の天才ピアニストの生涯を描く「レイ・チャールズ」（二〇〇五年アカデミー賞、監督・テイラー・ハックフォード、主演・ジェイミー・フォックス）である。差別や障害、薬物中毒に苦しみながらも音楽を求める孤高のピアニストを描く傑作である。もう一つは、映画「ドリームガールズ」（二〇〇六年、監督・ビル・コンドン、出演・ジェイミー・フォックス、ビヨンセ・ノウルズ、エディ・マーフィ）。一九六〇年代の米国で圧倒的な人気を集めた、ザ・スプリームズがモデルである。六〇年代は公民権運動が高揚した時代でもあり、映画にも時代の雰囲気がよくあらわれている。

それにしても、これだけの外国人ミュージシャンをどうやってベラミのステージに呼んだのだろうか。アメリカなど欧米芸能界にコネのある、芸能プロダクションとの関係抜きには考えられない。そこには興行師として山口組という暴力団も介在するが、そのあたりについては別章に書くことにする。

二　常連客たち

【芸能人】

美空ひばり（出演もした）、石原裕次郎、勝新太郎、高倉健、北島三郎、田宮二郎、小林旭、高峰三枝子、岩下志麻、藤山寛美、杉良太郎、市川雷蔵など。

序章にも書いたが、「日本のハリウッド」とも呼ばれた京都太秦を拠点とした映画産業の隆盛が俳優たちを京都に住まわせ、ベラミの客としたのである。

【財界人】

塚本幸一（ワコール社長）、稲盛和夫（京セラ社長）、渡辺晋（渡辺プロ社長）、山田稔（ダイキン工業社長）ら三〇代から四〇代のオーナー社長。保守系の「経済社会研究会」の中心メンバーでもあり、ベラミは文字通り「夜の商工会議所」となった。拙著『ケーキと革命～タカラブネ盛衰史』（二〇二三、あけび書房）のなかで、「経済社会研究会」に言及した箇所があるので要旨をまとめておこう。

戦後日本最大の社会運動である六〇年安保闘争に、危機感を抱いた財界人たちがいた。ソニー社長の盛田昭夫らが中心となり、三〇代から四〇代のオーナー社長が集まる「経済社会研究会」が発足する。いわば保守の側の研究会だった。主要メンバーは、盛田昭夫（ソニー社長）、稲盛和夫（京セラ会長）、牛尾治郎（ウシオ電機社長）、佐治敬三（サントリー社長）、塚本幸一（ワコール社長）、柳瀬次郎（ヤナセ社長）、山田稔（ダイキン工業社長）、松園尚巳（ヤクルト社長）、渡辺晋（渡辺プロ社長）らであった。

このうち異色なのは、渡辺晋である。沢田研二や森進一など大勢の芸能人をかかえる巨大プロダクションの社長であり、渡辺は「社会経済研究会」に集まる財界人や財界人と関係のある保守政界人たちとのかかわりを深めていく。渡辺晋は毎年年末に東京都広尾の豪邸に政財界人たちを招き「歌う会」を開催した。この会はカラオケではなく、一流のバンドの生伴奏による「歌う会」である。会では天地真理や小柳ルミ子などナベプロのスターがビールをついで回ったという。

一九七六年一二月の総選挙で自民党が惨敗したことをきっかけに、「経済社会研究会」の中核を担ってきた盛田昭夫は「保革逆転近し！」という情勢に強い衝撃を受け、自民党内の竹下登、宮沢喜一、安倍晋太郎、中川一郎、東電や新日鉄、三菱重工、トヨタ自動車など基幹産業幹部にもはかり、「経済社会研究会」のメンバーにも声をかけ、一九七七年八月に「自由社会研究会」が出来た。自民党と対極にあった日本共産党は、一七議席を獲得した。社会党は第二党として確固たる地位を占めていた。

三　日本国内のミュージシャン

厳密には台湾出身の欧陽菲菲やテレサ・テンもいるが、主として日本で活動していたのでここにいれた。

越路吹雪、加山雄三、森進一、奥村チヨ、欧陽菲菲、坂本九、テレサ・テン、園まり、安西マリア、菅原洋一、内藤やす子、五木ひろし、千昌夫、フランク永井、小柳ルミ子、郷ひろみ、大川栄作、松尾和子、クレージーキャッツ、弘田三枝子、平尾昌晃、中尾ミエ、梓みちよ、藤田まこと、るいみどり、ジェリー藤尾、浜村淳（司会）など。

このうち、ベラミで録音されたレコードが残っている人たちについて述べておく。ベラミ・レコードの製作は歌手にとっては名誉なことかもしれない。これらのレコードはコロンビアやビクターなどのレコード会社が製作・販売しただけではなく、芸能プロダクションが仲介したものもあるのがミソである。ファンにとっては、レアなレコードとなり、争奪戦が起こり、販売元にとってはそれなりに普及が期待できる。このベラミ録音盤の仕組みについては、六章にゆずり、ここでは当時のLPレコードで越路吹雪のシャンソンを聴きながら、歌手たちと時代とのかかわりを述べてみよう。

四　越路吹雪　一九六七年収録盤

「シャンソンの女王」と呼ばれる越路吹雪（一九二四〜八〇）がベラミの舞台に立つと、圧倒的な存在感がある。録音は一九六七年一一月一六日、後日東芝レコードから発売された。演奏はジョージ川口（ドラム）とビッグ4＋2、トロンボーンは河辺公一、コーラスはヴォーカル・ショップ。越路吹雪の夫・内藤法美がピアノを弾いている。越路は「ジョージ川口」「河辺公一」の二人をフルネームで紹介する。このうちジョージ川口は、ベラミにとって重要な役割を果たすジャズミュージシャンである。越路吹雪の歌うシャンソン中心の選曲は以下の通りである。

1　決して云わないで

2　チャンスが欲しいの
3　ミロール
4　愛のバラード
5　サン・トワ・マミー
6　オー・パパ
7　家に帰るのが怖い
8　ヒット・メドレー
ラヴ・ユー
恋ごころ〜夜霧のしのび逢い
想い出のソレンツァラ
ろくでなし〜じらさないで
ラスト・ダンスは私に
9　愛の讃歌（アンコール）

「決して云わないで」の冒頭に越路が語る「皆さん今晩は、……久しぶりのベラミ出演、最後の日です……」が何を意味するのかについては、次節において戦後日本の歌謡曲史のなかで考えてみたい。

越路が出演しなくなったベラミは、歌謡曲中心の大衆化路線に転換するが、それは必ずしもママ・山本千代子の目指す方向ではなかった。最後のベラミ出演の翌年一九六八年に、越路吹雪はフリーになった。それまで一七年間は東宝の専属スターをつとめた。

クラブ「ベラミ」社長・山本千代子は、LPレコードジャケットに次の一文を寄せている。山本千代子の書いた文章が極めて少ないなか、貴重な記録である。全文を紹介したい。なお、文中の「コーちゃん」は越路吹雪の愛称で、旧姓の「河野」からつけられた。フランス文学を愛した千代子は、越路吹雪のシャンソンも愛したのである。

コーちゃんとベラミ

クラブ「ベラミ」社長　山本千代子

ベラミがオープンしてから13年目、私達の少女時代からの夢とあこがれであるコーちゃんのレコーディングがベラミで……なんて、まだ信じられない。越路さんが出て下さると、こおどりして喜んだ7年前よりベラミで越路吹雪ショウが始まって13回、その間一度ものがさず観てきたこれらのショウを、なんとかして、もっと多くの人に知ってほしい、そして密かに越路さんならではの魅力はクラブでこそと思っている私達、クラブショウビジネスにたずさわっているものにとって、このことは、最高の幸せと生きがいを感じます。

越路さんの唄を聞いて、ある人はなつかしい恋を、苦しかった過去を思い出し、また、恋に酔っていた人は、生きているよろこびをかみしめ、いつのまにか唄と心を一つにして自分に気付くのです。そしてショウの終わりには、様々の幻想に引き込んで入れられるという、越路吹雪さんならではのクラブショウ、そしてそのレコードが、「KOSHIJI IN BELAMI」です。

山本千代子は越路吹雪より六歳ほど年下であり、千代子が女学校時代に越路は宝塚の男役スターだった。フランス文学に造詣のある千代子が、シャンソンを歌う越路を招くことに「最高の幸せと生きがい」を感じたことは本音であったにちがいない。

一九八三年、亡くなる二年前に千代子がベラミのステージに立ったことがある。満員の客の前で、ベラミ楽団の演奏をバックに越路吹雪の歌（シャンソン）を熱唱したという。ベラミという店名もそうだが、千代子のフランス趣味は徹底していた。好きなブランドはシャネル、ソニアリキエルというようにすべてフランスのものだった。

ジャケットには東宝演劇部の荒谷富一も寄稿しているので、ベラミにかかわる部分を転載しておこう。

歌手のレコードが出る。これは当たり前のことだ。が、この「コシジ・イン・ベラミ」は日本で最初の試み、ナイト・クラブでの実況録音である。さすがコーちゃんと敬意を表し、併せて東芝さんの好企画に拍手を贈るものである。

コーちゃんとのおつき合いは、……仕事の面では1962年彼女がはじめてクラブのショウを持った時に始まる。純粋に唄を聴くためだけ客の集る劇場の場合と異なり、当時のナイト・クラブに於けるショウは（たとえそこが一流の場所であろうと）外人の芸人が盛りを過ぎたタレントがただ歌い笑わせて、定められた時間を持っていたという事に終始していた。従って飲み喰いしながら夜を楽しんでいる客を自分の方に引っぱって来ることは実に一番ヤッカイなことなのである。コーちゃん自身大変な抵抗も感じていたことと思う。併し彼女は見事にやってのけた。

はじめてのプロダクション・システムによる東宝制作提供のショウは大変な反響を呼び絶賛を博した。制作にたづさわった自分が云うのはいささか面映ゆいが、このショウを機に日本のクラブに於けるショウ・ビジネスは確かに飛躍的な成長を遂げたと云える。一流スターが続々出演し、一応の構成されたショウを観せるようになったのである。京都ベラミでのショウは第1回が確か同じ年の8月だったと記憶する。以来毎年1回ないし2回定期的に出演し続け今回に至った。

東宝演劇部・荒谷富一

ジャケットに写真入りで紹介されているのは次の人たちである（傍線は筆者）。

内藤法美　越路吹雪ショウの構成・編曲・指揮・ピアノを担当。越路の夫でもある。

岩谷時子　越路吹雪のマネージャー兼作詞者。越路の歌を中心に幅広い作詞で活躍。

河辺公一　日本のジャズ界のレジェンド。トロンボーン奏者。ゲストとして出演。

ヴォーカル・ショップ　トップ・テナー・小保方淳、セカンド・テナー・渡辺長生、バリトン・

高沢明、バス・柴田昭司

杉本喜代志・荒生智弘　フリーのギタリスト

ジョージ川口とビッグ・フォア

ビッグ・フォアはなやかなりし頃と言えば、もう10年以上前の話。（テナー）松本英彦、（ピアノ）中村八大、（ベース）上田剛、小野満、そして（ドラム）のジョージ川口の名コンビが、日本のジャズ界を牛耳っていたことがある。中でもダイナミックなドラミングはジョージの身上で、多くのファンを湧かせたものだが、最近のグループ・サウンド・ブームで、純粋のジャズメンたちの職場が失われているのは残念。しかしここに伴奏をつとめる新編成ビッグ・フォアは、ジョージ川口を中心にヴェテラン・ギタリスト藤田正明、新進テナー大矢隆敏、ベースの木村哲司、各々の控えめなプレイは好感がもてる。

越路吹雪が亡くなったのは、一九八〇年一一月のことである。それから二年半後、山本千代子も後を追うようにして死去した。

五　岩谷時子と加山雄三、渡辺美佐

話を一九六七年一一月一六日夜、ベラミのステージに戻そう。「決して云わないで」の冒頭、越路は「皆さん今晩は、……久しぶりのベラミ出演、最後の日です……」と語った。もうベラミのステージに立つことはないと宣言したのである。

越路吹雪には専属の作詞家であり、マネージャーでもある岩谷時子がいた。越路の成功は、宝塚時代から続く時子のサポートなしにはあり得ないというほどの親密ぶりだった。影のように寄り添う時子に強烈なスポットライトが当たるきっかけが、二年前の一九六五年のことである。

越路吹雪は、東宝ミュージカル「マイ・フェア・レディ」に続く第二弾、「王様と私」の稽古をしていた。この時期から越路の絶頂期が始まる。相手役は歌舞伎界のプリンス・市川染五郎、訳詞は時子が担当した。越路の影ではあるが、充実した日々だった。越路が年下の内藤法美と結婚したことも、新しいことに挑戦するきっかけとなった。

時子に作詞の依頼が来た。加山雄三主演の映画・若大将シリーズ第五作「海の若大将」の主題歌の作詞である。曲は主演の加山雄三自身が学生時代に作った英語の歌。

若々しくたくましい加山と直接会い、曲を聞いた。時子にこんな歌詞が浮かんできた。

ふたりを夕やみがつつむこの窓辺に
あしたもすばらしいしあわせがくるだろう
君のひとみは星とかがやき
恋するこの胸は炎と燃えている

加山雄三と岩谷時子との出会いで生まれた「君といつまでも」である。恋愛とは無縁だった時子が、越路吹雪のためではなく、加山雄三のために作った歌だった。加山雄三は東宝の所属だったが、歌い手としては渡辺プロダクション（渡辺美佐）が世話を焼いていた。加山雄三の歌う「お嫁においで」も時子の作詞だった。加山のために作詞するとき、時子は華やいだ気持ちになるのだった。加山にはそんな魅力があった。当時二〇になったばかりの私の姉も、加山に夢中になった。懐かしい思い出である。

もしもこの舟で 君の幸せ見つけたら
すぐに帰るから 僕のお嫁においで
月もなく淋しい 闇い夜も
僕にうたう 君の微笑み
舟が見えたなら ぬれた身体で 駈けてこい
珊瑚でこさえた 紅い指輪あげよう

村岡恵理『ラストダンスは私に　岩谷時子物語』（二〇一九年、光文社）には、加山雄三と時子のツーショットの載った雑誌を前にした、越路吹雪と時子との会話が（事実かどうかは不明だが）再現されている。

「見たわよ、最近タレント並みね」
（中略）
「私、もう50よ。若くもないのに写真を撮られるのは本当は辛いのよ」
「あなたは若い頃より今のほうがきれいよ。これで本当に若くて美しかったら、加山さんのファンに殺されているわ」

とげのある越路の言葉である。

越路吹雪と夫・内藤法美には浪費癖があった。マネージャーの時子はそれを諫める立場だったが、何を言ってもいっこうになおらない。レコード大賞を二度もとるほどの作詞家なのに、マネージャーも兼ねている時子は、複雑な立場にあり、越路夫妻との間にぎくしゃくしたものを感じていた。高級レストランで毎夜浪費する越路夫妻を横目で見つつ、不二家レストランで夕食をとりながら時子は作詞に励んだ。

越路吹雪は夫・内藤法美を常に同伴させた。ベラミのステージで内藤がピアノを弾いたのも、越路の推薦だった。時子はマネージャーとして苦言を言った。村岡の前著から引用しよう。

「内藤さんの仕事にあなたが合わすことはないでしょう？　あなたたち夫婦は別々に仕事をするわけにはいかないの？」

（中略）

「時子さんは商売人だよね」

「私が商売人？」

「そうよ、あたしたち3人の中では、あなたが一番、商売人で世渡り上手よ」


この言葉にどれほど時子が傷ついたか……。

最後のベラミステージの二カ月前の一九六七年九月、上演予定の「屋根の上のヴァイオリン弾き」で主人公の妻を演じた越路吹雪は不機嫌だった。貧しい身なりのユダヤ人女性の役が気に入らなかったからだ。諌める時子に対し「あんたはいいわよ。舞台に出なくていいんだから」と嫌味を言う。二八年来の友情に亀裂が入ったのである。

スター街道を歩んできた越路吹雪にとって、東宝が演出するベラミのステージは満足できるものではなくなっていた。もうベラミには出ないと時子に言ったのだろう。マネージャーの時子はそれをママ・千代子に伝えた。「久しぶりのベラミ出演、最後の日です」というステージでの言葉から、越路の気負いが感じられるが、その後越路は数千人の会場を満員にする動員力を持つ大スターになっていく。

山本千代子は途方に暮れ、今後のステージのやり方について、おそらく岩谷時子や渡辺美佐に相談したのだろう。美佐は、加山雄三と時子の担当プロデューサーでもあった。千代子は歌謡曲や演歌を専門とするナベプロのキャスティングを前に、迷い悩んだと思われる。だが、結果的にはナベプロ案を受け入れることにした。その頃になると、ジャズやシャンソンでは客は集まらなくなっていたからである。

実は私は毎日のように、自家用車のなかで岩谷時子作詞の曲を聴いている。今陽子の歌う「恋の季節」である。作曲はいずみたく。歴史家の高橋磌一は『流行歌でつづる日本現代史』（一九六九、新日本出版社）のなかで、この曲について次のように述べていた。

〽忘れられないの　あの人が好きよ
青いシャツ着てさ　海を見てたわ
この『恋の季節』では岩谷時子の詞もいかにも現代っ子の感覚をただよわせ、いずみたくの曲も、単純明快なボサノバで四分の四拍子、歌謡曲に多いハ短調で、輪唱のテクニックをいかし、
〽恋は、私の恋は
空を染めて　燃えたよ
とつきあげ、テレビの画面一杯に大きくみぶりしてふたたび、
〽夜明けのコーヒー　ふたりで飲もうと

あの人が云った　恋の季節よ
と同じメロディーをくりかえすのがいかにもあかるく、突飛な衣装がすこしも嫌味を感じさせません。
（中略）
しかし、流行歌の世界には、これまでにない明るい、清新な息吹の感じられた一九六九年は一方では大学紛争によって国民の多くが心を痛めた年でありました。

歌の解説も見事だし、それを時代のなかで読み取る力も秀逸である。ただ、本書のなかで高橋のような手法をとると、ベラミ楽団から離れていくことになる。時代の流れのなかで流行歌を捉える試みは、「補論」を参照してほしい。

六　シャンソンと日本人、そしてベラミ

生明敏雄『シャンソンと日本人』（二〇一三、集英社新書）という本が刊行されたので、さっそく入手した。その表紙には、本書で取り上げた越路吹雪以外に、岸洋子、菅原洋一、美輪明宏、芦野宏らシャンソン歌手の名が並び、訳詞家・作詞家としてなかにし礼と岩谷時子がとり上げられている。なかにしも岩谷もベラミでは重要な役割を担う人物である。ここでは、『シャンソンと日本人』の内容を紹介し

ながら、日本におけるシャンソンの歴史について概略を述べておこう。
生明はこう書いている。

外国生まれのポピュラー音楽が歌われることは、ジャズ、タンゴ、ラテン音楽、ハワイアンなどにも見られたことだが、シャンソンの場合は、その多くが原語のフランス語ではなく日本語で歌われたという点が特徴的である。それが日本でのシャンソンの流行を促した大きな要素であるといえるだろう。

「雪が降る」「枯葉」などシャンソンの名曲を私が歌えるのは、それが日本語訳だからなのである。そういう点からすると訳詞家だったなかにし礼や岩谷時子のシャンソン普及に果たした役割は特筆すべきものだったといえよう。

二〇世紀に台頭したシャンソンは、フランス庶民の音楽だった。クラシックは富裕層のための高級サロンや、大きなコンサートホールで演奏されたが、シャンソンはセーヌ河岸のキャバレーやカフェ、シャンソン小屋と呼ばれる小規模なライブハウスに集ってくる庶民たちの前で歌われた。

日本でシャンソンを演奏したのは、昭和初期の宝塚歌劇団(当時の名称は「宝塚少女歌劇団」)である。当時の日本人が憧れるフランスの首都・パリを舞台にしたレビューを歌劇団は取り入れた。レビューというショーは、ダンサーたちの一糸乱れぬラインダンス、幕を降ろさないスピード感あふれる場面展開、ステージの中央に設置された大階段など、従来の日本の舞台演出にはない形式のものだった。

　フランス文化至上主義の宝塚歌劇団のスター・越路吹雪は日本語でシャンソンを歌い、それを聴いた女学生・山本千代子が、戦後にフランス風の高級ナイトクラブ・ベラミを京都で開いた背景には、日本社会のシャンソン受容の歴史があった。一九五〇年代後半から六〇年代前半が日本におけるシャンソンの全盛期で、この時期に越路吹雪は毎年二回ベラミのステージに立ったのである。

　日本のシャンソン受容過程における映画の役割も見逃すことは出来ない。その一つがルネ・クレール監督「巴里の屋根の下」（一九三〇、フランス）である。主人公はパリの街頭で映画の主題歌ともなった「巴里の屋根の下」を歌いながら、楽譜を販売する。ルネ・クレール監督はその後『巴里祭』を製作、一九三三年に日本で公開された。映画の主題歌「巴里恋しや」（のち「巴里祭」に題名が変更）は、「巴里の屋根の下」同様アコーディオン伴奏で歌われ、シャンソンの名曲となった。

　レコード（ＬＰ）の役割についても指摘しておきたい。昭和初期には海外のレコード資本が日本支社を作った。コロンビア、ビクター、ポリドールなどである。少し遅れて日本の資本によるレコード会社、テイチクやキングが創設されていく。「ブルースの女王」と呼ばれ、「別れのブルース」（服部良一作曲、一九三七）や「雨のブルース」（同、一九三八）が大ヒットしていた淡谷のり子は、シャンソン歌手でもあった。戦前に淡谷が歌い、レコードになったシャンソンの曲は二〇～三〇曲にのぼるという。

　生明敏雄はシャンソンの衰退について、こう指摘する。

さて、20世紀という長い時間のなかで発展を続けてきた日本のシャンソンも、昭和時代が終わりに近づいた80年代あたりから、徐々にその歩みに翳《かげ》りが見え始めた。米英を中心とする英語圏の国々からの新しいポピュラー音楽の攻勢が始まり、それにより日本人の音楽の嗜好が大きく変わっていった時期である。

ベラミは一九七〇年代には完全にシャンソンと決別し、ナベプロ所属歌手にステージを占領される。しかし、ベラミの閉店がシャンソンの灯が消えかかる時期と重なることに、なんともいえない歴史の重なり合いを感じる。

三章

ベラミ前史 I
～戦前日本のジャズ音楽

はじめに

前章では、ナイトクラブ「ベラミ」の開店から一〇年間(一九五七〜六七年)を、ベラミで録音した越路吹雪のLPレコードを実際に聴きながらまとめてみた。本章では冒頭にジャズの世界史を概観し、その後戦前の日本ジャズ史を、できるだけわかりやすくたどってみたい。

結論的に言うならば、戦前一九三〇年代前半の日本の都市部ではきらびやかなダンスホールが営業され、人びとはダンスやジャズに熱狂していた。こうしたダンスホールを支えたジャズミュージシャンたちが戦後本格化するジャズの「つなぎ役」となるのである。この時期は満州事変や軍事クーデターがすでに起こっていたが、人びとの日常は表面的にまだ「平静」であった。

一 映画で学ぶジャズの世界史

ジャズは一九世紀末、アメリカ南部の黒人たちが生み出した音楽と言われるが、正確に言うならば西洋の楽器を手にした「黒人」たちが生み出した音楽ということになる。新大陸アメリカに移住したヨーロッパの人びとは、ヨーロッパ風の文化をそのままアメリカに持ち込んだ。音楽の場合はヨーロッパ製の楽器やそれを演奏する楽団だった。

一方奴隷としてアメリカ南部の綿花栽培や、サトウキビ栽培のため連れて来られた「黒人」たちは、故郷の楽器の持ち込みを禁止された。奴隷主であるプランテーション経営者の話す英語を覚えさせ、ヨーロッパ風の音楽を理解するよう仕向けられた。奴隷主たちは「黒人」たちに文化があるなどとは露ほども考えてはいなかったが、奴隷たちは次第に音楽に親しむ様になり、日々の苦しい暮らしのなかで新しい音楽を生み出していく。これが「ブルース」である。

相沢久人は『新書で入門　ジャスの歴史』（二〇〇七、新潮新書）のなかで、ブルースについてこう書いている。

　おしひしがれた奴隷生活の抑圧と苦しみをギターやバンジョー（※アフリカ系アメリカ人が生み出した撥弦楽器）の弾き語りで歌うブレースは、奴隷制度のタガがゆるみだした一九世紀中ごろには、プランテーションをはなれてわたり歩くブルースマンの手で、急速に南部一帯にひろまっていきました。プランテーションからプランテーションへ奴隷居住区を転々としながら、もっぱら黒人共同体相手に歌いつがれたブルースが、その過程でどこかでヨーロッパ系の白人音楽と接触をもったとは考えられません。にもかかわらず英語（「黒人」英語）で歌われていたという事実だけで「クレオール文化」そのものなのです。

「クレオール文化」とはヨーロッパ文化とアフリカ文化の混ざり合った文化のことである。ブルースは純粋のアフリカ文化とは異なる、新大陸の音楽として奴隷解放宣言（一八六三）前に成立した音楽である。

奴隷は白人に支配されていたように考えられるが、実際には主人を持たない自由奴隷や逃亡奴隷も少なくなかった。彼らはアメリカ南部の都市に集り、ブルースを歌った。その代表的な都市が北米一の奴隷市場のあったニューオーリンズである。南北戦争（一八六一～六五）で南軍が敗北すると、解放された奴隷たちは南軍の軍楽団の払い下げ楽器（トロンボーン、コルネット〈トランペット〉、テューバ、クラリネット、肩掛け式ドラム、シンバル等）で演奏を始めた。こうしてジャズはニューオーリンズで生まれた。しかし、ニューオーリンズのジャズの中心地・ストーリーヴィルが閉鎖される。相沢久人は、前掲書においてこう指摘している。

……一九一七年、アメリカはとつぜん（※第一次世界）大戦への参加に踏み切ります。これで事態が一転しました。戦時体制のためニューオーリンズの港湾地区が海軍基地になったからです。

ジャズにとって最大のショックは、その結果ストーリーヴィルが閉鎖に追い込まれたことでした。売買春にまつわるいちばん深刻な問題は性病のまんえんです。精力あふれる男たちの集団である軍が怖れたのはそれでした。ときの海軍長官の命令で、軍の施設から五マイル以内の売春宿は即刻営業停止ということになりました。

こうしてジャズはニューオーリンズからミシシッピ川をさかのぼり、繁栄する北部の都市・シカゴに伝播する。禁酒法下、一九三〇年代のアメリカの主要都市は、密造酒ビジネスの中心地でギャングが跋扈《ばっこ》するようになった。そのひとつがシカゴだった。ギャングは酒を闇で売り、闇のバーやキャバレーでも儲けた。シカゴだけではない。ニューヨークやアトランタ、サンフランシスコにもギャングは進出していく。ギャングはジャズミュージシャンを雇い、夜の酒場で演奏させたのである。

相沢久人の前掲書から当時の暗黒街とジャズについて引用しておこう。

シチリア出身のイタリア系移民のなかには、選択肢として裏街道をえらんだ者がかなりいました。家族の絆をたいせつにする彼らは、裏街道全体にネットワークをはりめぐらせ、やがて暗黒街に「マフィア」王国を築きあげます。

そのマフィア王国のいわば首都に当たるのがシカゴでした。のちにアル・カポネが活動の足場としたのもそこです。

映画のジャンルに「ギャング映画」といものがある。闇酒場にはジャズが流れ、人びとはダンスに興じた。シカゴには白人ジャズミュージシャンが多く活躍したが、その一人がのちに「キング・オブ・スウィング」となるベニー・グッドマンである。

ふたたび映画の話をしておこう。『世界史映画教室』（一九九七、岩波ジュニア新書）という本がある。作者は家長知史さんである。本にはこんな紹介文がつけられて歴史教師たちの間に普及していった。

歴史を題材にした映画は、歴史上の人物や事件，風俗，習慣などを具体的かつリアルに目の前で展開し、その時代や社会を生きた人間の営みをなまなましく伝えてくれます。「天地創造」「風と共に去りぬ」「シンドラーのリスト」等37編を精選、ドラマから受けた感動を通して世界史に親しみ、様々な問題意識を育む画期的ガイドブック。

本書を書くにあたって、私はジャズがどう生まれ、どう広がっていったかを知るため、書籍で調べるとともに関連する映画を観るようにした。とくに以下の映画はジャズの歴史を学ぶために有用だった。年代順に並べてみた。いずれもアメリカ映画である。

一　「ブルースの誕生」（一九四一年）
二　「ニューオーリンズ」（一九四七年）
三　「グレンミラー物語」（一九五四年）
四　「ベニー・グッドマン物語」（一九五六年）
五　「お熱いのがお好き」（一九五七年）

このうちお薦めなのが「ブルースの誕生」と「ニューオーリンズ」である。いずれも名曲を映画のなかで聴くことができる。「ニューオーリンズ」に至っては、ルイ・アームストロング（サッチモ）がトランペットを吹き、歌を歌うシーンも盛り込まれている。楽しみながら学ぶことのできる映画となっている

アメリカの主要都市で盛んになったジャズは、海外航路の楽団員たちによって日本に持ち込まれる。ジャズにいち早く関心をもったのが、作曲家・服部良一だった。

二「ラッパと娘」

二〇二三年度後期のNHK朝ドラ「ブギウギ」には、戦前からジャズにこだわり続けた作曲家・羽鳥善一（草彅剛）が、笠置シヅ子がモデルの福来スズ子（趣里）にジャズを練習させるシーンがある。羽鳥善一のモデルは服部良一（一九〇七～九三）。

服部良一とベラミ楽団バンドマスター・野力久良とは時代は違うが、よく似た経歴である。二人とも夜学に通い、サックスを吹いたのである。こうした経歴を持たざるを得なかったのが、戦前戦後のジャズミュージシャンだったのかもしれない。

服部良一は大阪の商家に生まれた。音楽の才能があったが、商人になることが親によって定められた道であり、昼店で働き夜大阪市立実践商業学校に通うという生活をしていた。どうしても音楽がやりたいという思いが強く、給料のもらえる鰻料理屋の少年音楽隊に入り、サックスとフルートを担当、

めきめき上達していく。

一九二六年、服部良一は大阪フィルハーモニーに入団、ここでウクライナ人音楽家に才能を見出され、四年間音楽の基礎理論を学んだ。大阪フィルを兼職するかたちで、ジャズ喫茶でサックスホーンをやっていた。一九三三年に上京、人形町のダンスホールのバンドマスターとなった。

一九三六年、服部良一はコロンビアレコードの専属作曲家となる。三七年にクラシック出身の淡谷のり子に合わせて作曲した「別れのブルース」が大ヒットし、流行作曲家となった。その後、ジャズ感覚の新曲を次々に発表し、時代の寵児となる。とりわけ笠置シヅ子のために作詩・作曲した「ラッパと娘」（一九三九）は、戦前のスウィングジャズの最高峰とされ、シヅ子は「スウィングの女王」と呼ばれるようになった。


……戦前にレコード発表された数曲のうち、とりわけ「ラッパと娘」の超絶的な歌と演奏は、同時代の日本のどんな録音や映像をも凌駕する爆発的な躍動感に満ちていると感じる。

服部が作詞作曲のすべてを行った「ラッパと娘」は、一九三〇年代後半（昭和一〇年代）以降「スウィング」と総称された大編成のビッグ・バンドによるジャズ演奏の機微を余すことなく表現することに成功している。


（輪島裕介『昭和ブギウギ』二〇二三、ＮＨＫ出版新書）

三　「上海バンスキング」

服部良一は、時流に乗った軍歌の作曲をよしとしなかった。一九四四年、日本軍の支配する上海に軍報道部の一員として渡った。日本国内よりも規制の緩い上海でジャズをやりたかったからである。

舞台や映画にもなった「上海バンスキング」という作品がある。戦前の上海の日本人ジャズミュージシャンたちの様子がよくわかる。吉田日出子の歌もいい。原作者斎藤憐は「上海バンスキング」執筆時、服部良一に取材したと証言している。

「上海バンスキング」脚本から引用しよう。

波多野　日本のダンスホールがな、みんな閉鎖になっちゃった。もう、日本では、ジャズをやっちゃいけないいんだよ。

と、手に持った四合びんから酒をごくり。

バクマツ　なんだと。

波多野　もう日本にはジャズはないんだ。ジャズは、殺されちまったんだ。

よろよろっと床に倒れる波多野。マドンナ、かけよった波多野を抱いた。

波多野　（弱弱しく）もうジャズは死んじまったんだ。

9

セントルイス店内。マドンナとリリーが歌い踊った。

M・7 〈月光価千金〉

月白く輝き　青空高く
木ずえの青いを　我によせて
さびしそう　その人、心に消えて
楽しくときめく　胸の思い
オーオー　またたく星は
わが心に語る　うるわしの夜よ
青空に輝く　月の光は
楽しき思いを　我によせる

舞台両隅には、チャイナドレスの女を置いて、将校たちがどっかり坐っている。曲が終わる。下手にラリーがあらわれる。将校、ラリーを呼びつけ何事かささやく。ラリーは舞台のバクマツにささやく。バクマツいやな顔をする。ラリー、「将校が……」と合図する。バクマツしかたなくラッパを手にする。

M・8 〈海ゆかば〉

しかし、一コーラス終わったところでリズムが変り、「海ゆかば」のブギになった。

（斎藤憐『黄昏のボードビル』一九八〇、而立書房）

「海行《ゆ》かば」は奈良時代の大伴家持の『万葉集』の歌に曲をつけて作られた一九三七年製作の戦時歌謡である。荘厳な曲想から特攻隊員が好んで歌ったという。作曲はＮＨＫの嘱託を受けた信時潔だった。冒頭はこんな歌詞である。

海行かば　水漬《みづ》く屍《かばね》
山行かば　草生《む》す屍《かばね》
大君《おおきみ》の　辺《へ》にこそ死なめ

斎藤憐は「上海バンスキング」の取材で、服部良一から聞き取りをしている。取材のなかで、服部が「荒城の月」をジャズ風にアレンジし「これは日本の歌です」と堂々と語ったというエピソードから、ジャズ版「海行かば」を思いついたという。

菊池清磨は『評伝　服部良一　日本のジャズ&ポップス史』（二〇一三、渓流社）のなかでこう書いている。

服部の任務は文化工作を、音楽を通じて行うことだった。軍報道部には作家の高見順、画家の高《こう》野三三男《のみさお》、作詞家の佐伯孝夫がいた。また、担当将校に声楽家の中川牧三が中尉として従軍していたことも幸運だった。ここで、服部は上海交響楽団を使ってシンフォニックジャズの実験を行った。北京から日本でも人気を博した李香蘭を迎えていたので、彼女の持ち味を生かさなければならなかった。

上海は船で日本と結ばれていた。服部らジャズ仲間にとって上海は「上海帰りはハクがつく」があるひとつの合言葉だった。上海の租界はジャズの坩堝《るつぼ》である。(後略)

上海ではぐくまれたジャズが日本で本格的に開化するのは、敗戦後のことだった。

四　太平洋航路とジャズバンド

日露戦争後の一九〇七年に開校された東洋音楽学校(現在の東京音楽大学)では、管弦楽についての教育が行われた。一二年、自律的運営の東京フィルハーモニー会(現在のＮＨＫ交響楽団)が結成され、ホテルでのディナーショー出演などが行なわれた。これがきっかけとなり、海外航路での演奏への道が開けていった。このあたりの事情については、保坂連治が「渡航演奏にみる大正時代のジャズ化」(別冊『一億人の昭和史34　日本のジャズ』一九八二、毎日新聞社)でこう書いている。

東京オーケストラ団が初期に手がけた仕事に、ホテルのディナータイムに演奏することがあった。まず帝国ホテルと契約、次いで神戸オリエンタル・ホテルと契約した演奏時間は十九時から二十時、ダンス・パーティや結婚式などの時間外演奏もあったため、音楽学校卒業者の中で船に乗っていった者達と有機的に交流できる好循環を生んだのである。海上勤務につかれた楽士がホテル勤務の楽士と入れ替わり、いちだんと盛んに新しい音楽知識が増していったのである。

こうした交流をさらに推進すべく、卒業生に職場を与えることとも合わさって、航海演奏活動が広まっていった。当時、まだ海外留学などなかなか困難な時代で、ふと思いついたのが、「アメリカ航路の客船バンドに送りこもう」という構想である。

最初の日本人バンドを乗せた地洋丸が横浜港を出港したのは、一九一二年八月四日のことだった。それまではフィリピン人バンドだったが、東洋音楽学校で教育を受けた卒業生に差し替えることになった。このなかに波多野福太郎がいた。第一次メンバーの楽器は、バイオリン、チェロ、クラリネット、トランペット、ピアノだったが、二次、三次となるにつれて、チェロにかわってトロンボーン、クラリネットにかわってフルートなど、楽器編成も変化していく。

アメリカ航路に就航していたのは、地洋丸の他、天洋丸、これや丸、さいべりや丸などで、横浜、神戸、香港、上海、ホノルル、サンフランシスコ、ロサンゼルス間を数週間かけて渡航した。出港時に演奏されるのは必ず「蛍の光」だったという。

航海中の演奏は昼夜二回、その他ダンスパーティや船内におけるさまざまな企画中の演奏、船の入港・出港時の演奏などもあり、楽団員は多忙を極めた。曲目はマーチやワルツ、オペラなどであったが、毎回同じプログラムというわけにはいかず、即興で演奏したり、曲目を変えるために練習を重ねたりするなど、楽団員たちは厳しい労働環境に置かれていた。それでも、アメリカの港で停泊したときは、陸に降りて新しい譜面や新しい楽器を買い求めた。そのため、往路で多かったクラシックの演目が、復路ではタンゴやブルース、ジャズに変わった。

やがて波多野福太郎が地洋丸バンドのリーダーとして注目されるようになる。波多野は指揮者に抜擢され、一九一八年まで太平洋航路で演奏を続けた。その後、陸に降りた波多野は、当時銀座にあった洋画専門劇場「金晴館」の専属となった。無声映画の時代には、楽団が音楽を奏で、映画の雰囲気を作ったのである。渡航バンドマンたちは、大正時代を通じて日本の港を起点にジャズを全国に広めた。

昭和に入り、労農党代議士・山本宣治の暗殺、満州事変の勃発、軍部のクーデターなど戦争への道へ日本が転がり落ちるようになると、天皇制政府はジャズに制限を加えたり禁止したりするようになる。アメリカ発のジャズは敵性音楽とされたのである。

五　フランシスコ・キーコ

太平洋航路の楽団員は初めフィリピン人が多く、その後日本人に変わったことについて前節で書いた。日本が国を閉ざしていた時代、フィリピンはスペインの統治下にあり、西洋音楽が民衆の間に広がり、自前のクラシック楽団を擁するまでになっていたのである。その楽団は、スペイン本国のようではなかったが、莫大な費用のかかる本国の楽団よりも、手軽に音楽が楽しめるという点から、たくさんの楽団が結成されるようになった。

一八九八年、スペインに変わってアメリカがフィリピンを支配するようなると、今度はアメリカからジャズが入ってくるようになり、フィリピン人ジャズプレイヤーも育つこととなった。もし、スペイン統治のままだったら、アジアがジャズを知るのはもっと遅れたと考えられる。

日本にジャズが入ってきたのは、一九一〇年代後半である。二〇世紀直前にアメリカ・ニューオーリンズで生まれた音楽が、「ジャズ」と呼ばれるようになったのは、白人バンドが結成された一九一六年のことであり、ラジオもレコードもなかった時代に同時代の日本に伝播していた歴史的事実は、音楽の持つ伝播スピードの速さを如実に示すものではないだろうか。

服部良一らがジャズの本場・上海を目指したように、フィリピン人ジャズプレイヤーたちも上海にやってきた。ジャズ伝播に果たしたフィリピン人の役割の大きさについては未解明なものが多いが、その意義は大きかったと思われる。舞台「上海バンスキング」の世界はフィリピン人にとっても同じだったことになる。一時期、海外航路の楽団はフィリピン人で占められた。フィリピンのマニラにも上海同様、ダンスホールや大型キャバレーが出現し、人びとは熱狂したのである。

二〇二三年一〇月二日放送の「ＮＨＫ特集・世界は日の出を待っている～昭和を奏でたジャズメン」は、フィリピン出身のジャズピアニスト、フランシスコ・キーコの演奏会（一九八一年）の模様を伝える番組だった。ジミー原田、ベティー稲田、デックミネ、松尾和子らがキーコのピアノをバックに歌っていた。司会はフランキー堺。

一九〇六年にフランシスコ・キーコはフィリピンで生まれた。貧しい家庭を助けるため、カトリック教会に入り五年間音楽を学んだ。太平洋航路で演奏家となったが、一九二八年に神戸港に降り立ち、神戸オリエンタル・ホテルの専属バンドに迎えられた。圧倒的な演奏力で、日陰者だったピアノに脚光を浴びさせることに成功する。しかし、戦時中は田沢菊丸と改名させられ、フィリピン占領時には通訳の仕事を強制された。

戦後キーコはサックスのレイモンド・コンデと組んで、北村栄治やジョージ川口など日本のジャズミュージシャンを育てた人でもある。キーコやコンデなどフィリピン人のジャズ奏者のことは、歴史のなかに埋もれさせてはならないと感じる。

六　ジャズの伝播ルート

上海はアジアにおけるジャズの聖地となった。「上海帰り」はジャズミュージシャンたちにとって、勲章の一つとなり、ギャラを上げる役割を果たした。一九一七年レーニンが指導するロシア社会主義革命が勃発すると、革命を逃れたロシア人音楽家たちが上海に亡命し、ジャズを演奏するようになった。もちろん、アメリカの一流ジャズミュージシャンたちも競って上海にやってきた。アメリカ・ニューオーリンズから始まったジャズは、こうして東アジアの国際都市・上海で花開いたことになる。ジャズの日本への伝播ルートは、海外航路の楽団員たちが到着したサンフランシスコなどから持ち返った楽譜、上海帰りのミュージシャンたちのもたらしたホテルや洋画上映館での生演奏などが主流だが、それ以外にもアメリカ留学生や、アメリカへの移民（日系人）がもたらしたジャズなどが考えられる。おそらくそれらが複合的に作用しあい、日本の都市の中で発酵したのだろう。

相倉久人は『至高の日本ジャズ全史』（二〇一二、集英社新書）で次のように述べている。

（※ジャズが日本に）やってきた回路はおよそ三つのパターンがあった。第一が、横浜や神戸とアメリカ西海岸をつなぐ太平洋航路の客室パターン。日本郵船や東洋汽船に所属するそれらの船には、乗客の長い航路をもてなす専属のバンドがいた。そのメンバーが到着したアメリカでジャズに触れ、楽器や楽譜を持ち返ったのが最初だった。

第二のパターン。同じ太平洋航路を利用したことらは乗船員としてアメリカに遊びに行き、その魅力にとりつかれた有閑階級の子弟や遊び仲間だ。

産地直送でアメリカから直に入って来るこの流れに対して、中国を迂回して上海経由でやってくる第三のパターンが注目されるようになるのは、大正の終わり近くになってからのこと。国際都市上海には租界と呼ばれる国別に設定された外国人居留区域があり、それぞれの繁華街には国柄を反映したクラブやダンスホールが軒をつらねていた。

旧満州でジャズを身につけて戦後帰国したジョージ川口や秋吉敏子たちの存在も考慮すると、満州コースという第四のパターンが存在するかもしれない。

拙著『魯迅の愛した内山書店〜上海雁ヶ音茶館物語』（二〇一四、かもがわ出版）は上海の内山書店に集う魯迅、谷崎潤一郎、郭沫若《かくまつじゃく》などを描いた作品であるが、上海で演奏されていたジャズについての記述はない。ハイカラ好きの谷崎がジャズを無視していたとは思われないので、一度調べてみたいと考えている。戦前の日本でジャズが最盛期を迎えるのは一九三五年前後である。労働運動やプロレタリア文学運動が高揚していたこの時期、都市の人びとはジャズとダンスにも熱狂したのである。

日本の大衆的なダンスホールの第一号は、一九二〇年に鶴見（横浜市）の遊園地内に開かれた「花月園舞踏場」だったと言われている。波多野福太郎の率いる「ハタノ・オーケストラ」が出演し人気を博したが、波多野は海外航路の楽団員時代にアメリカで入手したヒットソングを花月園で演奏した。一九二三年に関東大震災が起こると、東京や横浜にあったダンスホールは大阪や神戸に移転する。

当時の日本ではダンスミュージックが「ジャズ」と言われており、それはジャズも含むアメリカのポピュラーソングのことだった。それらはダンスホールで演奏されるだけではなく、洋画館やラジオ、レコードでも奏でられ、都市大衆のなかに驚くべき速さと規模で広がっていく。

七　ジャズ禁止令

『音楽之友』（一九四三年三月）には「退廃音楽を追放」の文字が踊り、ジャズが禁止されるいきさつを記している（本多俊夫『モダン・ジャズ』一九八九、新日本新書）。

退廃音楽を追放――決戦下の日本に米英の退廃音楽が普及している事は驚くべき事で、開戦一年余、いまだにジャズのひどいレコードが喫茶店で演奏されている現状にかんがみ、内務省と情報局で協議の結果、此の程ジャズ・レコードを中心とする約一千種のレコードを演奏不適当のものと発表、各方面の自発的演奏停止を要望した。

『音楽文化新聞』（一九四三年七月一日）によれば、楽曲破棄の基準は以下のようだった（同書）。

敵国の楽譜廃棄――破棄の標準となったものは左の如きものである。
（一）単行の米英曲譜はジャズたると何たるとを問わず、一切破棄する。
（二）曲集で大部分が米英音楽のものは、曲集全部を破棄する。
（三）曲集中一部米英音楽が含まれているものは、ジャズの場合は切り取るか、または使用不可能なまでに抹消する。ジャズ以外の曲譜の場合は『敵国の楽曲につき演奏を禁ず』の朱印を捺したうえで販売してもよい。

『音楽文化』（一九四四年六月）は「軽音楽の改革」と題し、ジャズ禁止について具体的に規定している（同書）。

軽音楽の改革――日本音楽文化協会では警視庁の慫慂（※「しょうよう」と読む。ある行為をするよう強く勧めること）により軽音楽の演奏方法の改革にのり出し、軽音楽委員会を設置、五月十・十一の両日これが審査を行った。……委員は、堀内敬三外十三氏、改革の要項は、

（一）廃止すべき編成――ジャズバンド型編成及びハワイアン型編成を廃止す
（二）変更すべき編成――タンゴ型編成及び類似の編成（略）
（三）特殊な弱音器は絶対使用させぬこと
（四）収容人員二千五百人以下の興行場ではマイクロフォンの使用を厳禁する。

しかし、禁止されてもジャズを聴く青年はいた。

音楽評論家の湯川れい子は、戦死した一八歳年上の長兄について、こんな回想をしている。ジャズ禁止にもかかわらず、若者たちはジャズを求めていた。音楽に国境はないことを示す例である。

長兄が作業しながら口笛で吹いたメロディーが戦後、進駐軍のラジオで流れてびっくり。真珠湾攻撃の前後にアメリカで大ヒットした「午後の入江」でした。こっそり聞いていたんですね。特攻隊員の辞世にも、ジャズをうたったものがあります。肌の色や言葉の違いを超える音楽を愛した多くの若者の命が無残に奪われました（『しんぶん赤旗』二〇二三年九月二七日付）

湯川の言う特攻隊員の辞世の句とは次の二句である。

アメリカと戦うやつがジャズを聴き
ジャズ恋し早く平和が来ればよい

敗戦後の焼け野原で聴いた、アメリカの短波放送から流れるスイングジャズは青年達を熱狂させたのである。

おわりに

タレントのタモリは今日の日本の状況を「新しい戦前」と呼んだが、それでも人びとは阪神タイガースの日本一や、東京オリンピックに熱中している。戦前もまた同様ではなかったかという問題関心を、ジャズの歴史を見るなかで解明したいと考えたのが本章執筆の理由である。戦争は知らず知らずのうちに迫って来るのではないか。タモリは早稲田大学のジャズ研出身で名前は森田、ジャズ風に逆さ読みしてタモリとなったらしいと友人に教えてもらった。ベラミの歴史を理解するためには、本章のような戦前のジャズ史へのアプローチが必要だと考える。

ジャズは敗戦後に急速な速度で復活するが、それはジャズの直接的な担い手が敗戦時に存在したからだった。ジャズ禁止令はジャズミュージシャンたちにとって、大きな脅威だったが、それでも軍楽隊に入って音楽家としての道を続けた者、日本風にバンド名を変えて演奏を続けた者、上海や満州、朝鮮の都市に居ついて活動を続けた者もいた。極めつけは、対米謀略放送の演奏要員として駆り出されたジャズミュージシャンたちである。彼らは権力の監視下だったが、公然とジャズを演奏していたのだ。

四章

ベラミ前史II
～進駐軍クラブから歌謡曲へ

はじめに

相沢久人は『至高のジャズ全史』のなかで、戦前戦後のジャズの切れ目なさについて、次のように述べている。

戦時期を通して何らかの形で音楽とかかわりを持った彼らが、敗戦を機にシーン再建のリード役として現場復帰したことで、音楽の供給システムは滞りなく戦後に向けた一歩を踏み出すことができた。

続いて相沢は戦前戦後のジャズの「つなぎ役」をつとめた人びとを以下のように紹介する。

ホットペッパーズの南里文雄
モアナグリークラブの灰田兄弟
松竹軽音楽団のフランシスコ・キーコやレイモンド・コンデ、桜井潔、三根耕一（デック・ミネ）、
白片力（バッキー白片）
クラシック出身の紙恭輔
ニューパシフィック・バンドの松本伸
アズマニアンズの東松二郎

スターダスターズの渡辺弘
インペリアル・ジャズ・オーケストラの菊池滋弥
グランドチェリー・オーケストラのレイモンド服部
ゲイスターズの多忠修
ビッグアイランド・オーケストラの大島喜一
スウィング・オルフェアンズの長尾正士
ブルースカイ・オーケストラの奥田宗宏

前章「ベラミ前史Ⅰ〜戦前日本のジャズ音楽」では戦前について取り上げたが、本章では敗戦後から一九五〇年代頃までのジャズ史についてスケッチしてみよう。

一　敗戦とアメリカンミュージック

二〇二一年一一月から半年間放映された、NHK朝ドラ「カムカムエヴリバディ」でジャズの好きな喫茶店主・柳沢定一を演じる世良公則がジャズについてこう語っていた。

定一はクラシック音楽とは違う西洋の音楽に、特にアメリカの音楽に憧れる〝ファーストコンタ

クト〟の世代です。(中略)
戦後すぐに、定一がジャズメンをバックに歌うシーンがあります。自分の大切な人々の命を奪った国の音楽を歌う……。複雑な思いを抱いたはずです。定一にどういう思いが込み上げてくるのか、それは演奏されるジャズの音楽に身を委ねることで、自然に湧き上がってくると思うので、必要以上に自分の中で作り上げないようにして臨みたいと思っています。

(『NHKドラマ・ガイド　連続テレビ小説　カムカムエヴリバディ　part1』二〇二一、NHK出版)

戦後復活した喫茶「ディッパーマウス・ブルース」を覗き込む「戦争孤児」の少年が大月錠一郎(オダギリジョー)である。彼は後にジャズトランペッターの名手となる。錠一郎が演奏したのは「On the Sunny Side of the Street」だった。この曲を錠一郎は進駐軍クラブで聞き覚えたのだった。

「On the Sunny Side of the Street(明るい表通りで)」は、一九三〇年にブロードウェイミュージカルで発表された曲で、トランペッターのルイ・アームストロングや、ベニー・グッドマンらがカバーしている。

「On the Sunny Side of the Street」の歌いだしはこんな感じ(和訳・筆者)である。

コートをつかみ　帽子を持ち

悩みは玄関に置いて行くんだ
人生はとても素晴らしいのさ
明るい表通りで

ジャズは、敗戦後の日本の人びとの心に灯をともした音楽だった。一方でジャズは進駐軍ビジネスの手段として、大金を稼ぐ手段ともなった。戦後の高度成長期、テレビや映画で活躍したクレージーキャッツやドリフターズは、進駐軍クラブのバンドとして出発した。後述するように、「ナベプロ帝国」と呼ばれる巨大な芸能プロダクションを一代で築いた渡辺晋もまた、ジャズバンドの出身だった。

二　進駐軍のための東山ダンスホール（京都市山科区）

「近代女性の進出をお待ちして居ります」とダンサー採用面談を呼びかける、東山ダンスホールの新聞広告（掲載年月日不詳）によれば、九条山（京都市山科区）にあるこの施設は日本人女性とダンスをするための「進駐軍専用大ホール」である。東山ダンスホールに関する別の広告では、「高級ダンサー募集（十六歳以上明朗なる者）」「ダンサー緊急募集　年令拾六歳以上二十九歳迄」「募集人数弐百名」などと書かれていた。

ダンスには必ずジャズバンドがつく。こうしたバンドも日本人がつとめた。

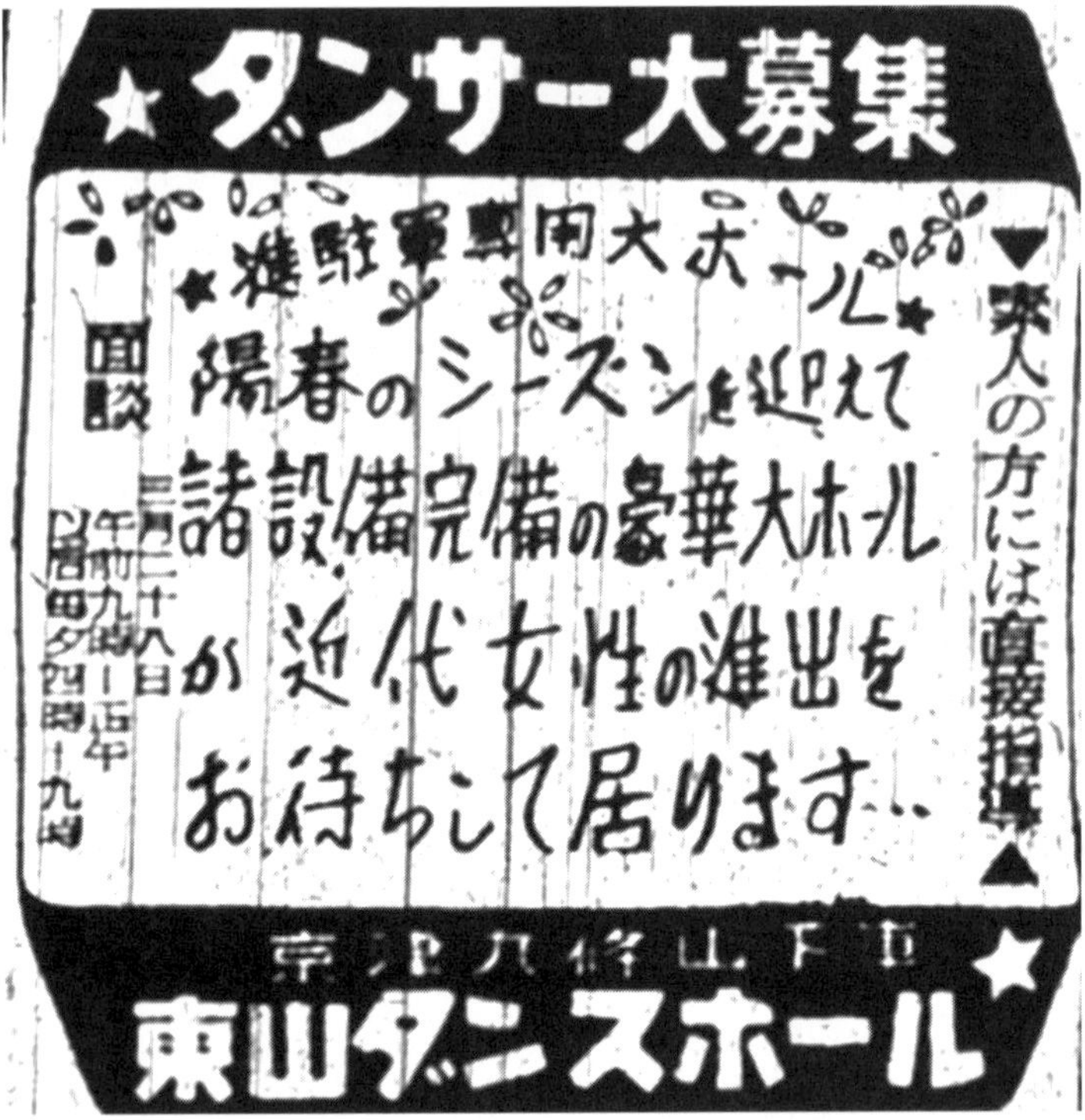
★ダンサー大募集
★進駐軍専用大ホール★
陽春のシーズンを迎えて
諸設備完備の豪華大ホールが
近代女性の進出を
お待ちして居ります…
▼素人の方には直接指導▲
面談
三月二十八日
午前九時―正午
東山ダンスホール
東山ダンスホールのダンサー募集の新聞広告

もともと東山一帯は結核療養者のためのサナトリウムが置かれていたところで、そこにはダンスホールも併設されていたのかもしれない。米軍は結核患者を追い出して、この場を接収、ダンスホールとして活用したことになる。東山ダンスホールの周囲には慰安バンガローが建ち並び、一大遊興エリアとなっていた。

山科区に住んでいた阪本伊三雄さんの証言。

「京都市立鏡山小学校で同じクラスのO君は家が貧しくていつも栄養不良だったが、ある日突然真っ白なタートルネックのセーターに折り目のついたズボンで登校した。O君の父はサイパンで戦死していたとのこと。O君の母は老いた両親と息子のために東山ダンスホールのダンサーに応募したのだった。やはり同じくらいのTさんの母もダンサーになり、Tさんも洋装になった。二人とも栄養状態が日に日に良くなっていった」

ダンサーは米兵から指名されれば指名料をもらう。ダンスがうまければ、チップも加算される。米兵からもらったキャメルやラッキーストライクの煙草は、煙草に飢えていた日本人男性たちに販売できた。ダンスをして気に入られれば、ダンスの後は慰安バンガローに同伴し、破格の金額を受け取れた。オンリーさんとなれば、住居を与えられるようになる。

米進駐軍が京都に入るのは、一九四五年九月二五日のことである。ところが、それ以前に「良家の子女を米兵から守る」手段として、京都市内や陸軍火薬製造所のあった宇治町に慰安施設が準備されていた。西川祐子『古都の占領　生活史からみる京都　1945－1952』（二〇一七、平凡社）には一九四五年九月九日付「京都新聞」の記事が次のように紹介されている。

急テンポでキャバレー六ヶ所、ダンサー志願もすでに二百名、新粧する京都

（※京都府が）進駐軍将兵を対象としたキャバレー式のダンスホールとしてアイススケート場、都ホテル、東山ダンスホール、仙楽園、弥栄会館、先斗町歌舞練場の六ヶ所を新らしく設営、いづれもホールを主としバー、休憩所、散髪、浴場、玉突など近代的な感覚を持った設備を整へ、進駐将兵を慰めやうとあらゆる構想を練り目下急テンポで設営を急いでゐるが、ほかに華頂会館も使用する予定になってゐる。

拙著『児童福祉の戦後史』（二〇二三、吉川弘文館）では関東を中心に展開されたＲＡＡ（特殊慰安施設協会）について、以下のような記述がある。

敗戦から三日後の一九四五年八月一八日、内務省警保局長から各府県知事と警察部長に「外国軍駐屯地に於ける慰安施設について」が発せられ、各地に慰安・娯楽施設がつくられていく。関東地区では銀座に本部事務所を置くＲＡＡ（特殊慰安施設協会）が結成され、日本政府の支援を受け、品川区大井周辺の慰安所や都内各地のキャバレー、ビアホールなどがオープンされた。ＲＡＡとは、「Recreation and Amusement Association」の略称であり、直訳では「余暇・娯楽協会」となるが、米兵相手の売春施設がその中核となっていた。

日本には先行体験があった。中国大陸における日本兵による強姦の多発が世界世論の批判を浴び、日本軍は中国や東南アジア各地に慰安所を建設、朝鮮人少女たちを強制や甘言などにより施設に囲い込んだ。慰安婦という名の性奴隷であった。日本が占領される段になり、占領軍による日本女性への性暴力や性病感染を防ぐという目的で、敗戦後の貧困に苦しむ日本女性を慰安婦として募集したのである。関東地区で事業を展開したＲＡＡでは実に五万人以上の女性が働いていたという。

京都ではＲＡＡは置かれなかったが、京都府が業者を内々に呼び、東山ダンスホールのような施設を設置させたと考えられる。

三　オフリミット──『琵琶湖ホテル五十年』

　ＲＡＡが本格的に機能したのは、東京を中心とする地域だった。戦前にジャズを日本から消し去ろうとした政府が、皮肉にも今度はジャズミュージシャンたちに仕事を与えたのである。前節でも書いたが、ＲＡＡの第一の目的は、進駐軍将兵向けの慰安所（売春施設）の設置だった。第二が、進駐軍将兵とその家族専用のクラブ、ダンスホール、バーなどの娯楽施設の設置と拡充だった。東京では焼け残ったビルやホテルが占領軍に接収された。

　敗戦後の日本で流行した言葉に「オフリミット」がある。「日本人禁止」という意味でつかわれるが、誤用である。阿部純一郎『「オフリミッツ」の境界─衛生・観光・諜報』（二〇一七、椙山女学園大学文化情報学部紀要・第17巻）によれば、一九四六年三月にＧＨＱがＲＡＡ以外の慰安施設について「Off Limits to Military Personnel（U.S. Forces Personnel）」の文字が書かれた看板を設置し、これが全国に拡大した。正確に言うならば、米兵の衛生と健康のために設置されたのが「Off Limits to Military Personnel」看板だった。日米の居住区を分けるために設置された看板「Off Limits, Japanese Only」もあったという。

関西での米軍接収の実態についてみてみよう。『琵琶湖ホテル五十年の歩み』（一九八一）には、米軍に接収されたホテルの食事などについて、次のような記述がある。琵琶湖ホテルは大津市にあるホテル。アメリカ軍専用施設の具体的運用についてわかる貴重な記録である。

まず、食事だが、食料はすべてアメリカ占領軍から支給されていた。昭和27年（1952）の講和条約以降、肉類は京都のアメリカ軍公認の肉屋から仕入れたようであるが、野菜については軍の注文がうるさく、一貫して軍支給のカンヅメが中心であった。一部、下坂本の水耕農園からの生野菜も使われたようだ。また、酒類はPD（※米軍の調達要求書）によって調達された。大阪府吹田市のアサヒビール株式会社の工場まで、ホテル管理のアメリカ将兵と共にビール調達にでかけたものであったという（保科一雄支配人談）。

次に娯楽サービスであるが、まずホテルには観光用にバスが常備されていた。これは国際自動車株式会社が一括のPDによって日本各地のレストホテルに供給していたもので、琵琶湖ホテルにもトラックを改造したバスが2〜3台あり、国際自動車派遣の運転手が常駐して、保養客の観光ドライブのサービスをおこなっていた。また、軍はPDにより太湖汽船株式会社（現琵琶湖汽船株式会社）の京阪丸を、アメリカ占領軍専用に借り上げていた。琵琶湖ホテルでは、これでアメリカ軍の保養客を近江舞子水泳場に送迎していた。当時、アメリカ占領軍が指定した専用ビーチは近江舞子であったからである（保科一雄支配人談）。

このほか、自転車・ベビーゴルフ・テニスコートなど、アメリカ軍の保養客のためにさまざまな娯楽施設が準備された。

琵琶湖ホテルではアメリカ軍将校とその家族のために、日本人の楽団が演奏した。同じ大津市にある米軍キャンプも同様だった。のちにベラミ楽団のバンドマスターとなる野力久良は、前に書いたように「多かったのは滋賀県の大津や雄琴と京都の大久保でしたね」と証言していた。

四　三種類の進駐軍クラブと日本人ミュージシャン

米軍キャンプやホテルなどで演奏した日本人バンドメンバーのなかに、日本軍の軍楽隊出身者もいた。敗戦により軍が解体したことにより、軍楽隊の楽器が流通しただけでなく、軍を離れた演奏者もまた流通ルートに乗ったのである。東谷護『進駐軍クラブから歌謡曲へ』（二〇〇五、みすず書房）の研究を参考に、進駐軍クラブと日本人ミュージシャンの関係について述べてみよう。

進駐軍クラブにはアメリカ兵の階級に応じて、次のような三つの種類があった。

OC（Officers Club）将校クラブ

ＮＣＣ（Non Commissioned Club）下士官クラブ
ＥＭ（Enlisted Men's Club）兵員（兵隊）クラブ

クラブのエンターテインメントの中心はバンドであった。バンド演奏時のギャラは将校クラブが高く、兵員クラブが安かった。演奏技能が高ければ将校クラブから声が掛かった。戦後のジャズブームを支えたジャズミュージシャンたちは、進駐軍クラブのなかから育って行った。たとえばジョージ川口、原信夫、宮間利之、小野満、渡辺貞夫らである。芸能事務所ワタナベプロ（ナベプロ）を創立する渡辺晋は、ジャズバンド出身ではあるが、妻・美佐とともにやがてバンドを進駐軍クラブに仲介する業者として成功していく。カントリー＆ウエスタンバンドで演奏していた堀威夫は芸能プロダクション・ホリプロを創立した。ビートルズなど海外のビッグアーチストを日本に招聘した永島達司は、もともとは進駐軍クラブのマネージャーだった。

当時売れっ子だったドラマーのジョージ川口は、ギャラとしてもらう札束が多すぎてバッグに入らず、口金を開けたまま持ち歩いたというエピソードが伝えられている。もっともこのエピソードは川口自身が流したのかもしれない。ジョージ川口にはそういう性質（ビッグマウス）があったらしい。

軍司貞則『ナベプロ帝国の興亡』には、早稲田での大学生活に見切りをつけた渡辺晋が、東京駅の丸の内北口でバンドマン募集に応じるさまが次のように描写されている。

晋は、夕方になると東京駅の丸の内北口へ出かけていくのが日課になった。そこにバンドマンたちのたまり場があった。どこからか「U・S・Army」と書かれたトラックが何台もやってくる。トラックはバンドマンたちの群れの側に止まり、それぞれの基地に配属された日系二世あるいは三世と思われる米兵が、カタコトの日本語でバンドマンたちに集合をかける。東京周辺の基地でその夜予定されているショーのメンバーを募集するのだ。

東京駅だけではなかった。新宿もまたミュージシャンを引き付けた。

新宿駅南口もバンドマンたちにとって銭になる仕事場だった。立川、府中、横田と大きな基地が控えているからで、それらの基地からのトラックが夕方になると甲州街道沿いにズラッと横づけになった（同書）。

渡辺晋はスイングボックスというジャズバンドに入れてもらった。進駐軍クラブで確実に演奏しギャラを得るには、単独よりもバンドの一員になっていたほうが有利だったからだ。やがて渡辺晋は「渡辺晋とシックス・ジョーズ」を結成する。

こうして日本人ミュージシャンたちは、米軍基地のある大都市の駅に集結した。京都駅に集った野力久良もこうした流れの中に身を置いたのである。渡辺晋（実際は妻の美佐）はベラミという舞台でバンマスの野力久良と出会うのだが、そのあたりことは五章・六章に書くことにする。

五　占領期の終結と朝鮮戦争

一九五一年に締結されたサンフランシスコ条約（発効は五二年）で日本は主権を回復したとされる。実際には同時期に結ばれた日米安全保障条約によって、アメリカの世界戦略に組み込まれるのであるが、朝鮮戦争特需に沸く多くの日本人にはその実感が乏しかったのかもしれない。

占領期の一応の「終了」はジャズミュージシャンたちに何をもたらしたのだろうか。

一九五二年以降、進駐軍は接収していた土地や建物を日本に返却したが、すべてを返却したわけではない。五〇年に朝鮮戦争が始まると多くの米軍部隊は朝鮮半島に送られたが、日本は戦争を支える後方基地とされ米軍基地は残された。それでも最盛期に比べればアメリカの基地は激減した。日本国内では、内灘、妙義、砂川などの地域で米軍基地反対闘争が起こり、基地は撤去あるいは縮小された。実際には基地機能は未返還の地・沖縄に移行したに過ぎないのだが、それでも日本本土の米兵は圧倒的に少なくなった。

前述の滋賀県大津市にあった琵琶湖ホテルは、一九四五年九月三〇日から約七年間続いた進駐軍接収時代が終わり、米軍との特別契約による請負営業へとなった。一九五二年七月一日のことである。接収終了に伴い、五二年三月末に接収時代に経費を負担していた日本政府は、従業員全員に退職金を支払い解雇する。四月一日から従業員は琵琶湖ホテルに採用され、経費は米軍が負担することとなった。琵琶湖ホテルはオフリミットのままだったことになる。

少なくなったパイを奪い合う道を選んだ者もいたが、少なくないジャズミュージシャンたちはオフリミットの外に新たな仕事場を求めた。野力久良は進駐軍バンドを辞め、大阪メトロの専属バンド・大阪キューバンボーイズに職を求めた。東京のニューラテンクウォーターや月世界（赤坂）、京都のベラミなどのナイトクラブは、失業したバンドミュージシャンたち（ただし演奏力の高かった人たち）の受け皿となった。

一九五二年、日本で空前のジャズブームが起こる。このブームのなかで際立った活躍を見せたのが「ジョージ川口とビッグフォー」「渡辺晋とシックス・ジョーズ」だった。

ビックフォー（オリジナル・ビッグフォー）のメンバーは以下の通りである。

ジョージ川口（ドラム）
小野満（ベース）
中村八大（ピアノ）
松本英彦（テナーサックス）

後に小野満は歌謡曲の伴奏者の道を選び、紅白歌合戦のバックバンドの常連となった。小野に変わって加入したのが上田剛（ベース）であり、五八年には渡辺貞夫（アルトサックス）も加わり「ビッグフォー・プラス・ワン」となる。

六　進駐軍クラブから歌謡曲へ

小野満が歌謡曲の伴奏という仕事を得たのは、五三年にテレビの本格的な放送が始まったからである。歌謡曲を中心とした歌番組がテレビで人気となり、バックバンドの需要が高まった。進駐軍クラブにおいてジャズを英語で歌っていた江利チエミやペギー葉山、雪村いづみは歌謡曲に転じ、テレビに出演するとともに、レコード（ＬＰ）を出して売り上げを伸ばした。一流バンドミュージシャンには、レコード会社のスタジオミュージシャンという仕事もあった。

かつてオフリミットにいた江利チエミは、一般の日本の人びとには無縁の存在だった。しかし、彼女がテレビで歌うことにより、進駐軍クラブの歌（日本語訳）が巷で歌われるようになった。進駐軍クラブのバックバンドが歌謡曲のバックバンドに転じることは、ジャズのリズムが歌謡曲のリズムに影響を与えることにつながった。

東谷護『進駐軍クラブから歌謡曲へ』には、作曲家・都倉俊一の次のような回想が載っている。

幸か不幸か、当時はＴＶが全盛期で、いわゆるビッグバンドのナマ演奏が幅を利かせていたんですね。だから、カラオケなんか使わせてくれなかった口パクなんかもありえなかった。だが、レコーディング・アレンジをすると、そのまま使えないわけですよ。それはバンド用にアレンジしなくちゃいけない。４トランペット、４トロンボーン、５サックスにリズム隊の。

技量のある者は、ジャズミュージシャンとして歌謡曲のバックバンドやレコードの伴奏、クラブでの演奏者として生き残る道があった。ミュージシャンのなかには仲介業者・芸能事務所として力を発揮するものもいた。次章で述べるように、渡辺晋・美佐夫婦はナベプロという巨大芸能事務所の基礎をこの時期に作った。一方、永島達司はクラブマネージャーとして出発したが、欧米のポピュラーミュージシャンを日本に招聘する興行主（「呼び屋」）となっていく。ベラミに欧米の音楽家に招いたのは、永島の力が大きかったと思われる。永島はやがてビートルズの日本公演を実現させる。

おわりに

ノンフィクション作家・佐野眞一は、数十万人の人たちが六〇年安保闘争で国会議事堂を取り巻いている最中、別の人びとは後楽園球場ではプロ野球に興じていたことを指摘し、日本における戦後最大の政治の季節・安保闘争をつぶしていった主要な要因である「高度経済成長」（一億総中流化）について調べることを自らに課したという。佐野は『カリスマ　中内㓛とダイエーの「戦後」』（一九九七、日経BP出版センター）にこう書いている。

高度経済成長時代とは、まさしく日本の経済と企業のドラマがつくられた時代だった。それを描くには、巨大な消費社会を短期間で築きあげ、われわれの生活を一変させていった最も〝戦後的人物〟である中内㓛の足跡と、ダイエーの興亡の歴史をとりあげるのが、これまで高度成長をテーマにしてものを書いてきた私に与えられた任務ではないか。その思いは日を経るにしたがって、私のなかで強固になっていった。

佐野とは同じ場面に遭遇しつつも、別の見方をした人もいる。本多俊夫は『モダンジャズ』のなかで当日の様子を次のように述べている。

一九六〇年六月十五日、東京の後楽園球場ではプロ野球、国鉄スワローズ対阪神タイガースの一戦が行われました。ラジオ関東はスポーツ中継と音楽番組で熱心なファンを獲得していた、小粋な放送局。この日ももちろん、国鉄・阪神戦を放送しました。窪田康夫氏、島硯彌氏、長崎節氏という三人の人気名アナウンサーが後楽園球場に出張しました。と、報道部から「国会前が混乱しているようだが、中継車（ＦＭカー）でまわってくれ」という要請がありました。そこで「試合が早く終わったら行って観よう」と答えたといいます。当日のピッチャーは、国鉄が北川芳男、阪神が渡辺省三、古い野球ファンならば覚えていらっしゃると思いますが、二人ともテンポの速いピッチングで定評があり、この日も快調なテンポでゲームは進み、なんと午前九時前に終了してしまったのです。そこで中継車と共に国会議事堂前にまわったところ、人の渦の中へ巻き込まれ、あの有名な中継放送になったそうです。

ラジオでこの中継を聞いた人びとが国会前に駆けつけ、デモはますます大きなものになった。後楽園球場からかけつけた人びともいたという。こうして、安保闘争とプロ野球はラジオでつながっていたことになる。

私は研究領域を戦後史に移行させてから、戦争孤児関係の本を何冊か書いてきた。近年は日本アニメ史について研究書『なつぞら』や、消費革命を扱った『ケーキと革命』などを上梓した。明らかにしたかったことは、戦後カルチャーと社会運動との深いつながりである。

五章

加山雄三
イン・ベラミ

一　早大生・渡辺晋とシックス・ジョーズ

ベラミ開店のころ（一九五六年）、すでに日本のジャズ界は衰退期の入り口に立っていた。最大の理由は、朝鮮戦争の休戦で数十万人のアメリカ将兵が帰国し、大量のジャズミュージシャンが失業したからだった。ジャズ界は売り手市場から買い手市場に移行していく。買い手市場では、必然的にジャズミュージシャン間に淘汰が起こった。かつては技量が劣っていても進駐軍バンドに採用されたが、そうはいかなくなった。結果的にではあるが、各都市のナイトクラブには職をさがす一流ミュージシャンが集まってきた。京都のミュージシャンは、ベラミ楽団に入ることがひとつの目標になった。

しかし、ジャズミュージシャンたちのベラミでの待遇はけっして良いものではなかった。かつての進駐軍クラブの全盛時代は審査ランクが上がれば、一晩で会社員一カ月分の給与が稼げた。だがベラミには、待遇改善のための労働組合はなかった。ベラミ専属楽団・関西オールスターズですら未権利状態だったので、非専属のミュージシャンの窮状は推して知るべしだろう。

序章では、ベラミの専属バンド・関西オールスターズのバンドマスター・野力久良の戦後史をやや詳しく紹介した。本章では良くも悪くもベラミのショービジネスに決定的な影響を与えた、芸能事務所・渡辺プロダクション設立までの経過を、軍司貞則『ナベプロ帝国の興亡』や東谷護『進駐軍クラブから歌謡曲へ』、なかにし礼『歌謡曲から「昭和」を読む』などを参照しながら明らかにしたい。渡辺晋と妻・美佐が戦後史のなかで交錯した結果生まれたのがナベプロだった。より結論的に言うならば、野力はミュージシャンの本道を歩き、渡辺はビジネスとしての芸能プロダクション運営にのめり込んでいったのである。

渡辺晋の父・泰は、日本銀行から満州国北部にあった蒙古聯合自治政府の中央銀行である蒙疆《もうきょう》銀行に派遣され、副頭取にまで昇りつめた人だった。が、敗戦により蒙疆銀行は閉鎖、すべてを失ったばかりか、公職追放される身となった。早稲田大学生だった息子・晋への仕送りにも事欠く日々だった。仕送りがないので自分で稼ぐしかない。晋はベースギターを練習、食う金を得るためにわかミュージシャンとなって、進駐軍ビジネスの世界に突入していった。ギターを手に取ったのは、譜面が読めなくてもコードさえ覚えれば何とかなると早稲田の軽音楽部の先輩に教えてもらったからだ。

当時流行していたのはジャズであるが、ハワイアンやタンゴなどにもアメリカ将兵の需要があった。ハワイアンやタンゴも合わせて、すべてジャズと呼ばれていた。片腕になったのは、同じ早大の河合聡一郎だった。早大軽音楽部には、きら星のようなミュージシャンが多くいた。彼らの多くは早大軽音楽部のレギュラーバンド「サンヴァレー」に所属していた。

中村二大（中村八大の兄）
大倉一太（リーダー）
トランペット・石黒寿和（のちのチャーリー石黒）
テナーサックス・与田輝雄

ピアノ・寺岡真三
アルトサックス・藤田雄次郎、他

晋が真っ先に作ったのはハワイアンバンドだった。ジャズの観客は耳が肥えているが、ハワイアンはまだ知らない者が多く、ごまかしがきくからである。晋のハワイアンバンドはダンスパーティやホールでの演奏などをして、金を稼いだ。

日本政府の特別調達庁は一九四七年四月制定の法律によってつくられた(運用は同年五月)。西洋音楽のできる、あるいはにわか演奏家たちがその果実を味わったのである。破格の収入を得た人のなかには、やくざの提供するヒロポン中毒になる者もいた。

晋はギャラの高いジャズバンドを作ろうと、スカウトを繰り返した。そうしてできたのが「シックス・ジョーズ」である。テナーサックスの松本英彦、ドラムの南広、ピアノの中村八大、ギターの宮脇協三、バイブの安藤八郎、ベースの渡辺晋というメンバーだった。シックス・ジョーズは、一九五三年『スイングジャーナル』誌の人気投票コンボ部門で堂々の一位となる。

二　曲直瀬美佐とオリエンタル芸能社

のちに渡辺晋の妻になる曲直瀬《まなせ》美佐は、晋より一歳年下の一九二八年横浜生まれである。女ばかりの八人姉妹の長女だった。のちに美佐と晋は仕事の面でタッグを組み、ナベプロを巨大な芸能プロダクションに成長させていくことになる。

美佐の父は正雄といい、三越デパートに納入する程の、横浜の大きな製箱業者だった。母・花子は東洋英和卒業で英語ができた。この英語力が戦後、曲直瀬家の窮地を救うことになる。

一九四五年一月の横浜空襲で美佐の実家は消失、つてを頼って宮城県に疎開せざるを得なかった。美佐は横浜のミッション系女学校から宮城女学院に編入する。敗戦後、家計を担ったのは母・花子だった。英語力を見込まれ、仙台に進駐してきたアメリカ軍の通訳として雇われたのである。他の都市同様、仙台の米軍基地内にもナイトクラブやダンスホールが作られた。そこで演奏するバンドを東京から連れて来るのも、横浜育ちの花子の仕事になった。正雄は目覚ましい仕事ぶりの花子を見て、製箱業に見切りをつけ、一九四六年に進駐軍へのバンド斡旋業を起業した。名前を「オリエンタル芸能社」とした。

一九四八年四月、美佐が日本女子大英文科に入学するため、東京に行ったことがオリエンタル芸能社と美佐の運命を変えた。美佐はオリエンタル芸能社の社員として、学生でありながら、仙台向けのバンド斡旋の仕事を始めたのである。学校が終わると、美佐はジャズを演奏している会場に足しげく通った。プロバンドだけではなく、学生バンドの会場ものぞいた。バンド斡旋の仕事が軌道に乗ると、美佐の懐には大金が入るようになった。とても女学生とは思えないような高級服を身につけることもあった。

シックス・ジョーズを連れて進駐軍クラブを回っていた晋と、斡旋業のため音楽関係の場で知られるようになっていった美佐とが出会うのは時間の問題だった。晋は美佐にシックス・ジョーズの仕事を探すように依頼した。ほどなくして美佐は高額のギャラの仕事をとってきた。ギャラが高ければ高いほど、美佐の手数料も高くなる。二人はお互いをまずはビジネスパートナーとして認識したことになる。

渡辺晋のシックス・ジョーズとマネージャーの美佐という取り合わせにより、評価の高かったシックス・ジョーズが実際にお客を呼び込めるバンドに成長したのだった。晋は美佐にプロポーズした。しばらく時間がかかったが、美佐は承諾する。最強コンビの誕生だった。

井上梅次監督、石原裕次郎主演の映画「嵐を呼ぶ男」（一九五七、日活）という作品がある。銀座のナイトクラブ「ブルースカイ」の専属バンド「福島慎介とシックスジョーカーズ」とそのマネージャーで慎介の妹・美弥子……。これをみればわかるように、シックス・ジョーズと美佐をモデルにした映画である。設定は変えてあるが、ミュージシャンの卵を自宅に住まわせることなど、晋と美佐の芸能プロダクション出発時の逸話も挿入されている。何よりも当時のナイトクラブの実態が映像として示されることなど、本書を書く上で参考になった日本映画である。

朝鮮戦争が休戦になると、二六万人のアメリカ軍人たちは帰国していった。進駐軍クラブは廃止・縮小化され、それに伴い日本におけるジャズブームも終焉に向かう。晋と美佐は新たなビジネスを立ち上げる必要に迫られるようになった。晋と美佐が目指したのは、エンターテインメント性の高い音楽だった。そのことがシックス・ジョーズの分裂を生む。あくまでも音楽家としての立ち位置を守ろうとする中村八大と松本英彦が脱退、彼らはジョージ川口をリーダーとする「ビッグフォー」の結成に参加する。

三　ウエスタンカーニバルと堀威夫

戦後日本ジャズ史の本を読むと、一九五八年二月八日から一四日まで日劇（日本劇場）で東宝が開催した、ウエスタンカーニバルのことが必ず載っている。このカーニバルを企画した渡辺美佐には「ロカビリーマダム」の愛称がつき、ナベプロがビッグな芸能プロダクションになっていく基盤が形成された。

ミッキー・カーチスは自著『おれと戦争と音楽と』（二〇一二、亜紀書房）のなかで、当時の東京の音楽をめぐる状況についてこう書いている。

都内にはそのころ、十軒以上はジャズ喫茶があったのではないだろうか。
新宿には「オペラハウス」をはじめ四軒ほどあって、そこに「ＡＢＣ（アシベ）」が加わった。
銀座にも「銀座ＡＢＣ」など三軒ほど、さらには池袋の「ドラム」なんかが有名で、それぞれ二、三百人のお客が入っていた。

先にも書いたが、このジャズ喫茶は、ジャズのレコードを静かに聴かせるような暗いヤツじゃなくて、バンドが生演奏するライヴハウスのことだ。

最初のころは名前どおりにジャズ中心の演奏で、「クレージーキャッツ」なんかもよく出ていた。それが結局、キャンプでのステージが少なくなったこともあって、カントリーバンドがたくさん出てくるようになった。

別の資料によれば、銀座には「テネシー」「ニュー美松」「ABC」、池袋には「キーボード」、渋谷には「ドラム」があったとされるが、それぞれ数百人規模の客席しかなく、詰めかけた若い女性ファンの熱気と喚声で物凄い盛り上がりとなっていた。

カントリーバンドとは、文字通りカントリーウエスタンを演目とする日本人バンドのことである。カントリーウエスタンはアメリカ東南部や西部の白人開拓民の音楽をルーツとする音楽で、ギターやバンジョーなどで演奏される。イギリス人の父、日本人の母を持ち、上海で暮らした体験のあるミッキーはカントリーバンドに所属していた。これらのバンドが一堂に会する「ウエスタンカーニバル」が有楽町ビデオホールを会場に始まったのが一九五〇年代初めのことだった。五四年からは春秋二回ずつ集まるようになった。ウエスタンだけではなく、ロカビリーバンドも出演するようになった。

このロカビリー旋風に目をつけたのが、渡辺美佐である。一九五八年に開かれた日劇ウエスタンカーニバルは規模も大きくなり、それまでのウエスタンカーニバルとはまったく別のものとなった。もともと日劇ウエスタンカーニバルをナベプロに持ちかけたのは、堀威夫（後の芸能プロダクション「堀プロ」社長）だった。堀はスウィング・ウェストというジャズバンドのリーダーであり、その人気は渡辺晋のシックス・ジョーズを凌ぐ勢いだった。現役のジャズミュージシャンだった晋は、堀から依頼されたカントリーの仕事を妻の美佐に任せることにした。堀はナベプロの客分というかたちになった。

堀が集めて来たのは、スター性のある山下敬二郎、ミッキー・カーチス、平尾昌晃らだった。日劇ウエスタンカーニバルの成功は堀の力があってのことだったが、世間の目は三〇歳の渡辺美佐に集った。やがて堀は美佐とたもとを分かつことになる。

ウエスタンカーニバルでは、以下のようなミュージシャンが日劇のステージに立った（一部省略）。

ミッキー・カーチス／平尾昌晃／山下敬二郎／水原弘／かまやつひろし／守屋浩／弘田三枝子／尾藤イサオ／ジャッキー吉川とブルーコメッツ／ザ・スパイダース／ザ・ワイルド・ワンズ／ザ・タイガース／ザ・テンプターズ／フォーリーブス

フォーリーブスのリーダー北公次は、一九六五年正月の日劇ウエスタンカーニバルでジャニー喜多川と出会い、芸能界入りする。やがて喜多川からの性加害の被害者になる。

ナベプロを去った堀威夫は「ホリプロ」を創設、守屋浩、舟木一夫などで存在感を示し、その後スパイダース、山口百恵、森昌子、石川さゆり、和田アキ子等のスターを育て、ナベプロに対抗する。

渡辺晋と美佐は、堀の去ったあとを埋めるため、大型新人を発掘しようとした。二人が目を付けたのが、名古屋にいた歌のうまい双子の姉妹である。姉妹は東京の渡辺家に同居させられる。デビューしたときの名前は「ザ・ピーナッツ」だった。

四 クレージーキャッツとザ・ピーナッツ

時計の針を数年戻そう。渡辺晋と曲直瀬美佐は一九五五年三月、入籍した。それを機に、東銀座のビルに事務所を借り活動を始めた。ジャズブームということもあり、コミックバンド「ハナ肇とキューバンキャッツ」を売り出そうとしたが失敗する。このバンドは「ハナ肇とクレージーキャッツ」の母体となった。コミックバンドとはいえ、一流のジャズミュージシャンをそろえたクレージーキャッツの演奏曲は、一九六〇年代になると大ヒットし、男性ボーカルの植木等はステージに映画に引っ張りダコとなる。日劇ウエスタンカーニバルで渡辺プロダクションが芸能界で力をつけてきたことも、クレージーキャッツの背中を押した。

何よりもクレージーキャッツブームに火をつけたのは、始まったばかりのテレビだった。渡辺プロは所属タレントにテレビ出演を促し、その後映画で稼ぐという方法をとった。そのためには売れない時期でも安定した収入を保証しなければならない。こうして所属タレントの月給制が始まった。当時は出演ごとの収入であり、それを覆すことはある種の経営革命であった。

テレビ放送は一九五三年にＮＨＫから始まり、それに日本テレビが続き、五五年にはＴＢＳが開局、五八年には大阪の関西テレビ、読売テレビ、五九年には大阪毎日放送、東京のフジテレビなどの開局ラッシュを迎える。テレビの開局を待っていたかのように、五九年に渡辺プロダクションは株式会社として正式に登記された。株式会社とは言っても前と同じ有楽町のビルの小さな部屋だった。晋と美佐、事務員二人、計四人が仕事を始めたのである。

伊藤日出代と月子の双子の姉妹が、東京都上大崎にあった渡辺家に居候することになったのは、一九五八年一一月からである。晋はシックス・ジョーズのピアニスト・宮川泰に姉妹の歌の指導を任せた。宮川は大阪学芸大学音楽科の出身で、基礎をレッスンさせる上で最適のミュージシャンだった。姉妹は名古屋出身で「伊藤シスターズ」という名で、レストラン「ザンビ」で歌っていた。二人は名古屋市内の商業高校の生徒だった。

宮川のレッスンが一段落すると、晋はシックス・ジョーズと伊藤シスターズを組み合わせ、全国縦断の巡業をおこなった。姉妹に実力をつけさせるためである。

伊藤シスターズのデビューは一九五九年二月だった。芸名はザ・ピーナッツとした。本当に見分けがつかないほど似ている双子の姉妹が、ユニゾン（同音合唱）をするというのがテレビ時代にマッチしていたのだろう。ザ・ピーナッツは瞬く間に茶の間の人気を集めていった。

私がザ・ピーナッツを観たのは、怪獣映画「モスラ」（一九六一）の中だったと思われる。監督は本多猪四郎、特技監督は円谷英二である。ザ・ピーナッツはモスラと共に生きる小美人役で登場し、主題歌も歌っている。続いて映画「ゴジラ対モスラ」（一九六四）にもザ・ピーナッツが出演しているので、こちらの映画を最初に観たのかもしれない。六〇年代、ザ・ピーナッツは押しも押されぬ人気歌手になっていたのである。

ザ・ピーナッツはフジテレビの「ザ・ヒットパレード」（三〇分）のレギュラーとなった。この番組はナベプロが事実上企画したもので、番組の冒頭はピーナッツのはりぼてを破ってザ・ピーナッツが登場し、歌を歌うという趣向だった。テレビ受けする新人として、伊藤姉妹は画面のなかで弾けた。ザ・ヒットパレードから、ナベプロの新人・中尾ミエ、園まり、伊藤さゆり、梓みちよらが羽ばたいていく。

ナベプロのテレビ制覇は続く。一九六一年六月、今度は日本テレビ系でバラエティ番組「シャボン玉ホリデー」を始めた。主演はクレージーキャッツとザ・ピーナッツ。若者のアイドルとなったザ・ピーナッツと、ギャグで大人気のクレージーキャッツを組み合わせ、新しいパワーを創ろうとしたのである。ザ・ピーナッツはヒット曲を歌い、クレージーキャッツはジャズを演奏し、植木等はギャグを連発した。一九六二年二月には視聴率が二五％に迫った。

植木等は実名である。父は戦時中に反戦運動をして、治安維持法に引っ掛かり刑務所にも入れられた僧侶の植木徹誠。社会主義の平等思想から、息子に「等」とつけたという。植木等は父について、「若いころキリスト教の洗礼を受け、そのうち仏弟子になり、しかもその間に社会主義者として労働運動、部落解放運動の真っただなかに飛び込んでいくといった具合に生きた人」と紹介し、「お寺の住職が四年も寺を留守にしますと、寺としての格好がつかない……結局、小学校から帰ると僕が衣に着替えて近所まわりをする」「等さんのお経ではってんで、お布施を値切られて（笑い）。……おやじが刑務所に入って生活が苦しくなった」（『グラフこんにちは』一九八五年五月号）と述べている。

五　加山雄三・ナベプロの全盛期と原盤制作

一九六六年、ナベプロの全盛期は加山雄三によって始まった。

加山雄三についてては、二章「五　岩谷時子と加山雄三、渡辺美佐」ですでに書いたが、少し補筆しておこう。加山の大ヒット曲は、岩谷時子作詞、弾厚作作曲の「君といつまでも」、弾厚作は加山のペンネームである。加山の才能に目をつけ、彼を育てたのは渡辺美佐である。加山は慶応大学生時代にバンドを組み、日劇ウエスタンカーニバルに出演していた。美佐は学生の加山をナベプロ専属歌手にしたいと考えた。加山雄三の本名は池端直亮といった。

しかし、加山雄三は東宝への入社が決まる。加山の父は有名な映画俳優・上原謙であり、明るく健康的な雰囲気を持つ加山を東宝がスカウトしたのはある意味では当然だった。後れを取った美佐は、加山と一九六二年に設立した「渡辺音楽出版株式会社」の専属作曲者契約を結ぶ。こうして四年後、「君といつまでも」が生まれることになる。すでにその時、加山は映画スターだった。とりわけ、「若大将シリーズ」（一九六一〜七一）は、加山の名を多くの人たちに知らしめた。映画のなかで、加山は自らの曲を歌い、それがヒットにもつながっていく。
加山雄三は一九七一年一〇月二七、二八日に京都ベラミで出演したが、このステージは収録されLPレコードとして発売された。レコードジャケットのタイトルは「加山雄三イン・ベラミ　ナイトクラブの加山雄三」とある。司会は猪口旭、コーラスはロータス・フォー、演奏は野力久美（※本名は久良）と関西オール・スターズ。
ジャケットにはこう書かれている。

このアルバムは加山にとって初めての出演である京都ベラミでのステージの実況盤です。最近は歌に映画に次々と新境地を開拓している加山ですが、ここでも大変見事なエンターティナーぶりを披露してくれます。いつもお馴染みのナンバーや他の歌手の歌もとりまぜて歌いまくる加山をお聴きになって又新しい彼の魅力が発見できるのではないかと思います。

京都で撮影された加山雄三の写真がジャケットに印刷されている。化野念仏寺、伏見稲荷、八坂神社、祇園四条の料亭「京都阪口」、清水寺につながる産寧坂などが確認できる。歌われたのは次の一四曲だった。

①オープニング　君といつまでも（岩谷時子作詩・弾厚作作曲）

②慕情　LOVE IS A MANY-SPLENDORED THING（映画「慕情」の主題歌）
③メドレー
霧雨の舗道（岩谷時子作詩・弾厚作作曲）
別れたあの人（岩谷時子作詩・弾厚作作曲）
夜空を仰いで（弾厚作作詩・作曲）
④また逢う日まで（阿久悠作詩・北原じゅん作曲）
⑤兄弟仁義
⑥プレー・スエード・シューズ
⑦お嫁においで
⑧最後の恋
⑨雨のシャッフル
⑩メドレー
一、夕陽は赤く
二、蒼い星くず
三、旅人よ
⑪りんどう小唄
⑫ハワイアン・ウエディング・ソング

⑬ラブ・ミー・トゥナイト
⑭君といつまでも

「兄弟仁義」という任侠をテーマにした歌があるのは、この時期にベラミがすでに山口組系の「神戸芸能社」の意向を汲んでいたことの証左であろう。

加山雄三を起点にナベプロは膨張を続け、歌手・タレント約二五〇人、社員約一〇〇人の大所帯となっていた。主な歌手や俳優、バンドなどを列記してみよう。

歌手……ザ・ピーナッツ、中尾ミエ、伊東ゆかり、園まり、梓みちよ、木の実ナナ、奥村チヨ、布施明、森進一
俳優……クレージーキャッツ(バンドも兼ねる)、藤田まこと、なべおさみ
バンド……ジャッキー吉川とブルーコメッツ、いかりや長介とドリフターズ
コーラス……ジャニーズ

現在、ジャニー喜多川(故人)の性加害で揺れる旧ジャニーズ事務所の初代グループ「ジャニーズ」もナベプロから出発している。

ナベプロが事実上仕切っていたテレビ番組は以下である。

ザ・ヒットパレード（日本テレビ）
シャボン玉ホリデー（フジテレビ）
あなた出番です（日本テレビ）
俺の番だ（ＴＢＳ）
植木等ショー（同）
ヤアヤアヤアヤング（ＮＥＴ※現テレビ朝日）
まじめに行こうぜ（同）

いかりや長介とドリフターズは、ＴＢＳ系で毎週放送された「８時だョ！全員集合」（一九六九～八五）で大ブレイクする。

ナベプロの全盛期とジャズの衰退期が重なったことが、結果的ではあるがベラミにナベプロ企画を呼び込むことにつながった。東京を中心に展開していたナベプロの事業が関西に拡大し、京都のベラミとの関係を持つまでに至るには、沢田研二の存在が不可欠だった。次節では、その沢田研二について述べてみたい。

六章

ナベプロ関西事務所とベラミでの原盤製作

一　沢田研二（タイガース）と「わが窮状」

ナベプロが加山雄三によってビッグになっていったことは、前章で述べたとおりである。豊富な資金力を得たナベプロは、関西でスター探しを始めた。目をつけられたのが、大阪のジャズ喫茶「ナンバ一番」に出演していた、沢田研二（ボーカル）とそのバンドだった。メンバーの多くは京都出身、生粋の関西バンドだった。メンバーは全員が二〇歳前後、はち切れんばかりのエネルギーを感じさせるグループだった。バンドは岸部一徳や加橋かつみら四人が一九六五年に京都で結成した。その後、京都の四条河原町の「田園」で歌っていた沢田研二を迎え入れた。「田園」は野力久良も演奏したことのある老舗の店だった。

このバンドはナベプロにスカウトされ、上京した。無名の彼らは、都内のジャズ喫茶「ＡＢＣ」（新宿）、「ドラム」（池袋）などに出演し、顔を売り、腕を磨いた。グループ名は「ザ・タイガース」とし、デビューは一九六七年二月に決まった。

ザ・タイガースのデビュー曲「僕のマリー」（作詞・橋本淳、作曲・すぎやまこういち）は、三〇万枚を超す大ヒット曲となった。沢田研二はジュリーと呼ばれ、ステージでは貴公子のようにふるまった。服装にもお金をかけた。女子中高生を中心に、グループサウンズ（ＧＳ）ブームが起こり、貧しい関西の青年だった沢田研二とタイガースは、突如としてスターダムに駆け上がった。

タイガースをはじめとする、ナベプロ所属歌手たちの日常生活は徹底的に隠匿され、虚飾に満ちた夢のようなイメージが徹底的に宣伝された。かつてのザ・ピーナッツ売り出しと同様の戦術だった。大衆はテレビと流行歌に日常を忘れるロマンを求めていると、渡辺晋も美佐も信じていた。そうやってナベプロは肥大化していく。

ザ・タイガースがデビューしたのと同じ一九六七年、佐良直美は「世界は二人のために」でレコード大賞新人賞、二年後の六九年に「いいじゃないの幸せならば」でレコード大賞をとっている。「世界は二人のために」は、六八年の選抜高校野球大会の入場行進曲に採用された。「世界は二人のために」の作詞は山上路夫、作曲はいずみたく、「いいじゃないの幸せならば」の作詞は岩谷時子、作曲はいずみたくだった。圧倒的な自己肯定に満ちた歌詞と伸びやかな曲想に、高度経済成長期の日本の社会状況を見つけることができる。一九六四年一〇月一日東海道新幹線が開通し、その一〇日後に東京オリンピックが開会した。坂本九の歌う「上を向いて歩こう」はアメリカで「スキヤキ」と名を変え、大ヒットした。

岩谷・いずみコンビが一九六八年に世に出した「友よ」は、六〇年安保闘争後沈静化していた学生運動の再高揚期とも重なり、学生たちの愛唱歌ともなった。私が大学生活を送った一九七〇代半ば、左翼系リベラル作曲家・いずみたくの名はよく知られていた。「友よ」の一番はこんな歌詞である。

友よ　　　　**作詞・岩谷時子　作曲・いずみたく**

友よ淋しい時　お前に会いたい

友よ楽しい時　お前に会いたい
若いよく似た夢を心に　歩き続ける僕達さ
もしも　日が隠れて道に迷ったなら
友よ　その時こそ　光になろう

一九六四年に始まったベトナム戦争は、アメリカ社会に暗い影を落とした。アメリカの若者たちは資本主義を謳歌していた自らの国家に抵抗するかのように、フォークソングを歌いだした。フォークソングはやがて反戦フォークを生み、ベトナム戦争への抗議運動へとつながっていく。タイガースデビューと同じころ、アメリカの反戦フォークの女王・ジョーン・バエズが来日（六七年二月）、やがて日本でもフォークソングが大学生たちの心をつかんでいく。ベトナム反戦運動と一体となったフォークソングは七〇年安保闘争のなかで歌われたのである。

来日したジョーン・バエズがステージでインタビューに答えた様子は、テレビで全国放送された。バエズが英語で「私は戦争反対をあくまでうたいつづける」と言ったにもかかわらず、通訳は「これからの公演の日程は」と訳した。ファンは大騒ぎになった。この通訳に圧力をかけたのが誰かはわからないが、アメリカの権力に従属する日本の政権と、政権に忖度する芸能事務所のありようが垣間見えてくるではないか。

ザ・タイガースの頂点は、一九六八年に後楽園球場や田園コロシアムで開かれたコンサートだった。巨大芸能産業となったナベプロは時の権力者とつながりますます成長、権力者側もナベプロを政治的に利用した。しかし時代は、ナベプロ歌手の虚飾性よりも、素顔のまま日常を歌うフォークソングを求めるようになっていく。いや、正確に言うならばより虚飾性を高めたホリプロやジャニーズに流れたファンと、フォークソング愛好者に分裂していったのかもしれない。私は間違いなく後者だった。

四年でザ・タイガースは解散、その後沢田研二らメンバーは独立、ソロ歌手や、作曲家、俳優となっていく。アイドル歌手として駆け抜けた沢田研二は晩年になり、政治的なメッセージソングを歌うようになった。その一つが「我が窮状」(二〇〇八)である。沢田研二のアルバム「ROCK'N ROLL MARCH」九番目にあることからわかるように、憲法九条の平和主義についての思いを込めた歌である。歌詞の一番と二番を紹介しよう。「窮状」を「九条」に置き換えると、沢田研二の真意が見えて来る。核兵器についても触れているのはさすがである。

我が窮状　　**作詞・沢田研二　作曲・大野克夫**

一　麗しの国　日本に生まれ　誇りも感じているが
忌まわしい時代に　遡るのは　賢明じゃない
英霊の涙に変えて　授かった宝だ
この窮状　救うために　声なき声よ集え

我が窮状　守りきれたら　残す未来輝くよ

二
麗しの国　日本の核が　歯車を狂わせたんだ
老いたるは無力を気骨に変えて　礎石となろうぜ
諦めは取り返せない　過ちを招くだけ
この窮状　救いたいよ　声に集め歌おう
我が窮状　守れないなら　真の平和ありえない

二　ナベプロ関西事務所とベラミでの原盤製作

一九六三年末、ナベプロの梓みちよが「こんにちは赤ちゃん」で第五回日本レコード大賞を受賞する。レコード売り上げは百万枚を超えた。しかし、レコード会社からナベプロに支払われたのは印税の一パーセントに過ぎなかった。

当時は、圧倒的なレコード会社優先の時代である。渡辺晋はこの状況を何とか変えようと考えた。到達したのは、レコードの原盤をナベプロ出資の「渡辺音楽出版株式会社」で製作し、その録音原盤をレコード会社に売りつけるというやり方だった。歌手はナベプロが押さえているので、レコード会社は晋の提示する条件（販売価格の一〇％×販売枚数）をのむか、レコード販売そのものを断念するかしかなかった。

レコード原盤をナベプロ側（「渡辺音楽出版」）が製作して発売した、伊東ゆかり「小指の想い出」（作詞・有馬三恵子、作曲・鈴木淳、編曲・森岡賢一郎）はミリオンセラーとなり、多額の現金がナベプロ側に支払われた。一九六七年のことである。原盤製作をするためには、レコード会社と同じスタジオとスタッフを確保する必要があり、それなりの経費がかかる。レコードがヒットしないと、経費ばかりかさみ、利益が出ない場合もある。晋は売れないときのために、前金をレコード会社に要求した。リスクを軽減しようとしたのである。

シャンソン歌手・越路吹雪がベラミ最後のステージに立ったのが一九六七年一一月、その九カ月前にザ・タイガースがデビューしていた（同じ年、伊東ゆかりが「小指の想い出」を大ヒットさせている）。越路吹雪のマネージャーで作詞家の岩谷時子は、ソロになった沢田研二のために「君をのせて」（一九七一）という歌を書いた。作曲はザ・ピーナッツを売り出した宮川泰。ザ・タイガースらのＧＳとその後のフォークソングは、グループ員自身が楽器を持つというスタイルだったので、ベラミ楽団をはじめとするジャズバンドにとって大きな脅威となった。シンセサイザーやＣＤ、カラオケ以前に、生バンドが不要となる要因がすでに浸透していたのである。

越路吹雪のベラミ最後のステージは、東芝レコードがＬＰとして発売。ステージ録音したものでレコードを作ればいいので、経費は大幅に削減できる。一九七〇年代、ナベプロ歌手たちの独壇場となっていくベラミのステージに渡辺晋・美佐は注目した。野力久良と関西オールスターズなどの優れたビッグバンドを抱えたベラミは、レコード原盤製作にうってつけだったからである。

ベラミでの原盤製作には、ナベプロ側の差し迫った事態が追い打ちをかけたという側面がある。一九七一年一月にタイガースがわずか四年で解散、その前年には伊東ゆかりが独立、看板スターを失いナベプロは大きな打撃を受けていた。経費のかからないベラミでの原盤製作は渡りに船だったのである。

ベラミとナベプロをつないでいたのが、ナベプロ関西事務所である。関西事務所は、一九五八年冬、大阪市北区の天満橋近くのアパート一室から始まった。もともとベラミはジャズ喫茶であり、同志社大、甲南大、関西学院大の学生バンドが出演していた。一九五七年にベラミがナイトクラブになってからは、渡辺晋とシックス・ジョーズも出演、これがきっかけになり、ナベプロ関西事務所が生まれたことになる。当時の関西には京都にベラミ、大阪に銀馬車、神戸にコペンなどがあり、これらのナイトクラブと進駐軍キャンプ地である伏見（京都）、伊丹（大阪）、大津（滋賀）を組み合わせることで、関西でのシックス・ジョーズ公演の効率化をはかろうとしたのであろう。

ナベプロの社史『抱えきれない夢―渡辺プログループ四〇年史』（一九九九、渡辺音楽文化フォーラム）に、次のようなエピソードが書かれている。

神戸・コペンの支配人を務めていた渡口通弘が、関西事務所に入所したのは六〇年九月。最初にもらった給料明細書をみると、失業保険に加入していることがわかった。従来の芸能プロダクションという印象が、一瞬にして改まった、という。渡口は万博開催中の七〇年四月一日に所長に就任、七九年五月一日に関西事務所の関西支社昇格に伴って関西支社長となる。

その渡口の右腕として活躍した川口敏則（現・ＢＲＢフレーダム代表）は、五七年一二月に入社している。立命館大学法学部在籍中に過激な学生運動をやり、ベラミの屋根裏に潜んでいた。友人がここのボーイをやっていて、お客の食べ残しを運んでくれた。

ナベプロ関西事務所の扱うエリアは、関西から本州最西端の山口県下関までとなった。九州支社の設立は、一九六五年四月末のことである。かつて福岡の背後には大炭鉱があり、朝鮮戦争時には米軍の最先端基地があった。そのためクラブやキャバレーが軒を並べていたのである。しかも、この地は渡辺晋の出身地でもあった。

三「イン・ベラミ」の歌手たち

前章に書いたように、ベラミで行われたいくつかの公演は、レコードとして発売されている。ナイトクラブでの収録という特性上、ベラミ版はコンサートよりも観客との距離が近く、客席の声がはっきりと入るなど、臨場感がある。普段は手の届かないような全国的に知名度が高い歌手であっても、通常のコンサートとは異なり、間近に姿を見ることができたのである。

なお、ベラミ収録のＬＰレコードを発売したのは以下のミュージシャンたちだった。

越路吹雪　一九六七年収録　※ＬＰあり
奥村チヨ　一九七〇年収録　※ネット動画あり
加山雄三　一九七一年収録　※ＣＤあり
平尾昌晃　一九七一年収録　※未入手
欧陽菲菲　一九七二年収録　※ＬＰあり
フランク永井　一九七二年収録　※未入手
森進一　一九七四年収録　※野力優さん提供のＣＤあり
黒沢年男　一九七八年収録　※ＬＰあり

ベラミ収録盤を発売した歌手のうち、越路吹雪と加山雄三についてはすでに書いたので、ここでは奥村チヨ（となかにし礼）と森進一（と野力久良）をとり上げることにしよう。

四　奥村チヨ（一九七〇年収録）となかにし礼

レコード「ナイト・クラブの奥村チヨ～Chiyo in Belami」の録音は、一九七〇年七月一六～一八日に行われ、同年一〇月に発売された。奥村チヨの絶頂期だった。ベラミのステージで奥村チヨは以下の曲を歌っている。

「恋の奴隷」「恋狂い」「女の意地」「夢は夜ひらく」「ルック・オブ・ラブ」「ラブ・ミー・トゥ・ナイト」「木遣《きや》りくずし」「お座敷小唄」「くやしいけれど幸せよ」「嘘でもいいから」「恋泥棒」「恋の奴隷」

演奏は北野タダオとアロージャズ・オーケストラ。「ルック・オブ・ラブ」「ラブ・ミー・トゥ・ナイト」という楽曲から、かつて奥村チヨがジャズ歌手を目指していたことがわかる。

一九六九年六月に発売され大ヒット（六〇万枚）した「恋の奴隷」がオープニングとエンディングの曲となっているが、歌詞は究極の女性蔑視に満ちている。ライブ盤では、奥村チヨに拍手を送るベラミの客の顔は見えないが、「チヨちゃん！」などの声が飛ぶなど、あまり良い雰囲気とは感じられない。歌詞の一部を紹介しよう。当時はこの歌詞が熱狂的に受け入れるジェンダー観があったことになる。これはベラミの客層とも重なる。

恋の奴隷

作詞・なかにし礼、作曲・鈴木邦彦

あなたと逢ったその日から

恋の奴隷に なりました
あなたの膝に からみつく
小犬のように
だからいつも そばにおいてね
邪魔しないから
悪い時は どうぞぶってね
あなた好みの あなた好みの
女になりたい

奥村チヨがベラミで歌った一九七〇年は、「大阪万博」が開催された年である。日本は高度経済成長の真っただ中にあった。ナベプロは万博のステージ企画を担当した。「モーレツ社員」「企業戦士」などの言葉が飛び交い、家庭を顧みない男たちが肩で風を切って歩き、一方で女性は「専業主婦」として男たちを支えさせられた。「男は仕事、女は家庭」などと言われたのは、高度経済成長期のことであり、日本の「伝統」でも何でもない。

「日刊スポーツ」紙（二〇一八年三月四日）には、年内での芸能界からの引退を発表している奥村チヨが「恋の奴隷」について、こんな顛末を話している。

1969年に発売された「恋の奴隷」は、男性に従属的な女性を歌った歌詞が話題になった。奥村は「斬新すぎて、当時はつらかった」と苦笑し、「きれいな歌を歌いたいと思っていたのに、『悪い時はぶって』なんてね」。同曲でNHK紅白歌合戦への出場オファーもあったという。「『ぶってね』を『言ってね』に替えればOKだった。でもプロデューサーに『歌詞を替えてまで出る必要ない』と言われて、単純だから『そうね』なんて言っちゃって」と当時の思い出を笑い飛ばした。

奥村チヨには『幸福の木の花』（二〇〇四、講談社文庫）という著書がある。この本を紐解きながら、「男に従属する女」のレッテルを張られた彼女の本音を聞いてみよう。

私はこの（※「恋の奴隷」の）歌詞が当時はいやでたまらず、ただただ、プロの責任感だけで、ディレクターの方のいわれるまま歌っていたのですが、そういう自分自身もまた不満で、ちょっと自己嫌悪に陥っていました。

だって、歌詞の内容が実際の私とは正反対だったし、男の人に媚びるような女性は、私としてはとても苦手だったんです。

（中略）

「小悪魔」なんていわれて、男性週刊誌の水着の撮影ばかりやらされて、渡辺プロ社長のところに直談判にいったこともあるんです。「もうこんなのイヤです」って。そうしたら渡辺晋社長は「うちにはたくさん歌手がいるけど、チヨちゃんのようなキャラのコはいない、それは作りたくても作れない、すごい財産なんだよ」って説得されて、泣きながら帰ったのを昨日のことのように覚えています。

奥村チヨを売り出したのは、渡辺プロ（ナベプロ）である。ナベプロ帝国と呼ばれるほどの巨大な芸能プロダクションに成長していく過程で、奥村チヨが悔しい思いをしたような事例はいくつもあるにちがいない。ナベプロはベラミでの奥村チヨの「成功」をきっかけに山口組系の神戸芸能社とのかかわりを深めるが、それについては七章で述べよう。

「恋の奴隷」の作詞者・なかにし礼（一九三八〜二〇二〇）は、究極の男尊女卑的な歌詞を書くほどだから、右翼的な価値観を持つ人だと思ったら間違いである。なお、黒沢年男のヒット曲「時には娼婦のように」の作詞もなかにし礼であり、ヒットメーカーということで言われればなんでもござるの作詞者という側面もあった一方、なかにし礼には『天皇の日本国憲法　反戦と抵抗のための文化論』（二〇一四、毎日新聞社）という著作もあり、リベラル派の知識人としても知られていた。なかにし礼は満州からの引揚者であり、反戦の思いは生活実感でもあったはずだ。同書から引用しよう。

日本は一九五二年に公布されたサンフランシスコ平和条約の規定によって集団的自衛権を持つことになったが、憲法第九条があるがゆえにそれを行使できないというのが彼ら改憲派すなわち戦争推進派にとって不都合なのだ。彼らは言う、今の憲法はいかにも古い。もはや時代に即さない、と。何をぬかす。日本国憲法は高邁なのである。「人類普遍の原理と理想」がそう易々と現実に即するはずがないではないか。即さないものを即すようにすることが理想の追求という行為なのだ。

「何をぬかす」というセリフが小気味よい。さすが作詞家だけのことはある。なかにし礼『歌謡曲から「昭和」を読む』（二〇一一、NHK出版新書）は戦後史の名著だと思う。本書を書く上で何度も読み直した。池波正太郎『鬼平犯科帳』にこんな言葉がある。「人間というやつ、遊びながらはたらく生きものさ。善事をおこないつつ、知らぬうちに悪事をやってのける。悪事をはたらきつつ、知らず識らず善事をたのしむ。これが人間だわさ」（第2巻『谷中・いろは茶屋』）。「恋の奴隷」を書いたなかにし礼の反戦平和論を読みながら、そんな言葉が浮かんだ。

五　森進一（一九七四年収録）と野力久良

二枚の写真を野力久良は残している。一枚は「野力久良と関西オールスターズ」をバックに歌う森進一の写真、もう一枚は森進一と野力久良とのツーショットである。いずれも森進一がベラミに出演した一九七四年九月一五日に撮影されたものである。

野力久良と関西オールスターズは、ベラミに出演する著名な歌手たちの演奏を担当する専属バンド。

1974年、野力久良と関西オールスターズをバックに歌う森進一（野力優さん所蔵）

1974年、ベラミにて　野力久良（右）と森進一（左）（野力優さん所蔵）

久良はインタビューなどされると、坂本九や美空ひばりなどの名前をあげることもあったが、一番親しかったのは森進一と思われる。森はヒット曲「花と蝶」（一九六八）にちなんだスカーフを首に巻いている。森のベラミ収録は一九七四年九月一五日のことであり、二枚の写真はその時にベラミで写された。

翌七五年京都四条に野力久良が副業としてノリキコーヒーをオープンすると、森はさっそく開店祝いの花を届けている。貧しい少年期を過ごした森は、必死で這い上がってきたバンドマンたちの生きざまに共感していた。そのなかで給与計算までするバンマスの野力久良と話をしたのではないか。吝《りん》嗇《しょく》家と言われる森にはさまざまなエピソードがあるが、そうした森だからこそ、副業のコーヒー店を開いた久良に心を開いたのかもしれない。

森進一は一九四七年に山梨県で生まれた。一〇歳の時に父母が離婚し、母の実家のある鹿児島に転居、新聞配達など家計を助けた。中卒で集団就職のため上京、必死で働き家に仕送りした。四八年生まれの沢田研二と同じ時期にナベプロが売り出したが、ドル箱となった沢田に比べて、地味な存在だった。しかし、一九六八年「花と蝶」でＮＨＫ紅白歌合戦に出場すると、連続四八回出場を果たすなど、日本を代表する歌手となる。

一九六〇年代末には森進一はナベプロ内で、沢田研二と並ぶ看板スターとなっていたが、待遇面では不満を持っていた。軍司貞則『ナベプロ帝国の興亡』には、そのあたりの事情がこう書かれている。

もともと渡辺プロはポピュラーを主体にしたプロダクションでタイガースなどが主流、演歌系の森が一段低く見られているという日頃の鬱憤も加わった。

決定的だったのは四十三年（※一九六八年）五月に発表された、前年度の所得申告である。芸能人の部門で、森進一は五十位にもはいっていなかった。それだけならまだしも、ヒットもなく凋落傾向のハナ肇、植木等、谷敬といったクレージーの面々、それにこれといったヒット曲のない中尾ミエ、園まり、田辺靖雄らが、森進一よりはるか上位に名を連ねているのである。このことは、森が酷使されていながらいかに給料を抑えられているかを証明するものであった。

こうして森進一は一九六八年の冬、ナベプロからの独立を画策したが挫折する。森は実力派の演歌歌手であるが、フォークの吉田拓郎作曲の「襟裳岬」（一九七四、作詞・岡本おさみ）を歌うなど、ジャンルにとらわれない一面もある。ベラミ公演から五年後、ようやく森はナベプロから独立を果たした。

六　ベラミでの山口組田岡組長襲撃事件

当時、芸能人やナイトクラブと、暴力団は密接につながっていた。地方で興行するときに必ず出てくるのは地元の興行師であり、興行を生業としている暴力団が少なくなかったからだった。ベラミのステージに自社の歌手たちを送り込んでいたナベプロは、暴力団との付き合いをどうしようかと悩んでいた。できれば暴力団を排除したかったが、そんなに単純ではない。ベラミを縄張りの一部としていた暴力団は日本最大の組織となる山口組であり、組長の田岡一雄がオーナーだった「神戸芸能社」は、人気絶頂だった美空ひばりまでを傘下に収める程の勢いだったからである。神戸芸能社は西日本一帯の興行権を一手に持ち、橋幸夫、三波春夫、村田英雄、坂本九、舟木一夫、松尾和子、マヒナスターズら有名歌手を手配していた。また、吉本興業とも親密な関係にあった。

山平重樹『実録神戸芸能社　山口組・田岡一雄三代目と戦後芸能界』（二〇〇九年、双葉社）には、暴力団と芸能界についての生々しい証言が多数掲載されているし、田岡が書いたとされる『完本　山口組三代目　田岡一雄自伝』（二〇一五、徳間文庫）のグラビアには、「美空ひばりとのツーショット」「力道山らとの宴で寛ぐ」「三橋美智也、エノケン、伴淳三郎、田畑義男らとともに」「美空ひばりの結婚を祝う」「美空ひばり、里見浩太朗らと」「映画『山口組三代目』の撮影現場で、高倉健とのツーショット」「鶴田浩二、勝新太郎」などが誇らしげに掲載されている。

ベラミがどのように山口組と関係を持ったのかの史料はないが、いわゆる「みかじめ料」（用心棒代）の支払いなど無関係であったとは思われない。山口組・田岡組長はナベプロとの関係からも、ベラミそのものとの関係からも堂々とこのナイトクラブに出入りする常連客となっていた。月に一回はベラミで遊んだと言われている。ただ、渡辺晋は直接山口組や神戸芸能社と取引するのではなく、戦後最大の興行師といわれた永田貞雄を介するという方法をとった。永田については、猪野健治『興行師の顔役』（二〇〇四、ちくま文庫）に詳しい。『興行師の顔役』にはベラミでの山口組田岡一雄組長襲撃事件に

山口組田岡一雄組長襲撃事件当時のベラミ（黒沢年男 LP ジャケットより）

ついて、こう書かれている。

（※昭和）五三年（※一九七八年）七月十一日夜、田岡一雄組長は、東映京都撮影所の火事見舞いのあと、軽い食事をとって、三条駅前の高級クラブ『ベラミ』に遊んだ。

ボディーガードとして細野利明（若頭補佐＝当時）、沖田喜与登（若衆＝同）羽根悪美（同）の三人がつき従っていた。

ショーが終わった一瞬のざわめきのスキに、背後から近づいて来た男が田岡組長を狙って短銃を発射した。

田岡組長は、首筋を撃たれてその場に倒れ、流れ弾が居あわせた客に命中して、場内は騒然となった。狙撃した大日本正義団幹部の鳴海清は、混乱に乗じて逃げ、姿をくらました。

田岡組長は、乗ってきたキャデラックで名神高速を突っ走り、関西労災病院（※兵庫県尼崎市）に収容された。

指名手配された鳴海清は、ベラミ事件から二か月後に惨殺死体となって発見された。

事件のあった一九七八年は、最後のベラミ収録盤ＬＰ（黒沢年男）の製作された年である。ジャケットには事件当時のベラミの写真が掲載されている。事件後、ベラミへの客足は遠のき、ベラミ閉鎖の遠因ともなった。

七章

ベラミ争議と音楽家ユニオン

一　ベラミにおけるショービジネスの頓挫

ベラミに出演していたのは、歌謡曲を歌うナベプロの歌手が圧倒的に多かったことについてはすでに書いた。まるでナベプロの実験場になっていたベラミ。ベラミのママ・山本千代子はフランス風サロンの雰囲気のあるナイトクラブを目指したが、成功したのは一九六〇年代までだった。シャンソン歌手・越路吹雪の最後の公演が一九六七年であり、欧米のジャズミュージシャンの公演も多かった。このあたりがベラミの絶頂期だったと思われる。

ベラミと比べられる大阪のナイトクラブ・メトロは、踊り子たちの全身に銀粉を塗るなど、官能や猥雑を売り物としていた。また東京のニューラテンクォーターもまたラスベガス的なショーに明け暮れていた。

一九六〇年代末、ベラミでも歌謡曲中心のショーが組まれるようになった。

なかにし礼は「歌謡曲」について、次のように定義している。

……歌謡曲とは「詩・曲・歌い手」の三つを一セットとし、ヒット（流行）をねらって売り出される商業的楽曲のことである。昭和初期に確立されたこの形態は、戦前・戦後を通じてほとんど変わることなく、歌謡曲の終焉までつづくことになる（なかにし礼『歌謡曲から「昭和」を読む』）。

なかにし礼によれば、軍歌もまた歌謡曲の一形態だった。

ベラミでは、歌謡曲（演歌も含む）の歌い手たちが毎週末ステージに立った。ほとんどがナベプロ所属の歌手たちである。

加山雄三、森進一、奥村チヨ、欧陽菲菲、坂本九、テレサ・テン、園まり、安西マリア、菅原洋一、五木ひろし、千昌夫、フランク永井、小柳ルミ子、松尾和子、弘田三枝子、平尾昌晃、中尾ミエ、梓みちよ、藤田まこと、ジェリー藤尾……。

「豪華」という点でいえば、たしかに豪華である。しかし、野力久良と関西オールスターズは、元々はジャズバンドだった。夕方から深夜にかけて三回のステージがあるが、歌手の伴奏をしなくていい夕方の演奏で、彼らは少ない客の前でジャズの名曲を渾身の気持をこめて披露した。そこにはジャズミュージシャンとしてのプライドもあった。

しかし、バックバンドのいらないミュージシャンが登場する。ＧＳ（グループ・サウンズ）である。

……最大に見積もっても四年ほど（昭和四十一～四十五年）の短期間ではあったけれども、若者たちに絶大な人気を誇ったのがＧＳである。四、五人の若者たちが、長髪を振り乱してギターやドラムなどの楽器を演奏しながら歌うというスタイルは、いうまでもなく、そのころ世界を席巻していたビートルズやローリング・ストーンズなど、主としてイギリスの音楽バンドの影響によるもので、当然その音楽も、激しい8ビートに支えられたロックン・ロールやリズム&ブルースが基調にある（なかにし礼『歌謡曲から「昭和」を読む』）。

このGSの雄「ザ・タイガース」と沢田研二を世に出したのは、やはりナベプロだった。ナベプロにとってみれば、歌謡曲を売り出したのと同じシステムで、GSも俎上に乗せたのである。GSの楽曲を書いたのは、歌謡曲の担い手と同じだった。

GSのなかにも楽曲を書く者はいた。たとえばスパイダースのかまやつひろしは、曲を書いた。かまやつひろしの父ティーブ・釜萢《かまやつ》はロサンゼルス生まれの日系人であり、戦後日本にジャズを持ち込んだ一人だった。

楽器を弾きながら歌うというGSのスタイルは、楽団を必要としない。GS時代の後に来る、フォークソングやニューミュージックの時代でも楽団は不要になった。フォークソングやニューミュージックは、初めのころプロダクションすら拒否した。しかしやがて自らが楽曲を書くようになるのがスタンダードとなる。これをシンガーソングライター（SSW）という。楽団をバックミュージックとするベラミのステージは、演歌歌手かテレビの時代劇俳優の演芸会のようになってしまった。こうして山本千代子ママの目指したベラミのショービジネスは頓挫してゆく。

ステージが陳腐化する過程で、バンドマンたちはジャズの仕事を失っていく。ベラミバンマスの野力久良が喫茶店兼用のスタジオ運営をするため、ベラミを辞めたのは一九七〇年代半ばのことだった。

二　音楽の個別化とカラオケの隆盛

ＣＤとインターネットにより、全世代が知っている歌謡曲（流行歌）は終焉を迎え、音楽の個別化が進むようになったとされる。私の教えている大学生たちは、ライブが大好きである。聞いてみると、大きなライブ会場ではなく、自分の好きなミュージシャンを目当てに百人未満の小ライブに出かけていく。それぞれの「推し」はあるが、それは多様化、個別化している。

かつてＬＰレコードを出すミュージシャンは、皆に知られていた、いわば国民的な歌手だった。巨大な需要がなければ、高額なＬＰは出せない。これに対してＣＤは数枚の単位で個人のパソコンから製作が可能である。ダウンロードソフトを使えば、媒体であるＣＤすらいらない。

これに輪をかけたのがカラオケボックスの隆盛だった。聴く音楽から参加する音楽への劇的な転換は個別化・少人数化を伴いながら、確実に進んだ。もはや伴奏するビッグバンドはいらなくなった。時代の流れに、ベラミという巨人は適応できなくなっていった。

個別化を象徴するのがコンビニとスマホだ。一人で楽しめるという点で個別化時代の必須ツールとなっている。拙著『ケーキと革命』（二〇二三、あけび書房）では、コンビニとの競争に負け倒産していく巨大ケーキチェン店「タカラブネ」と消費革命の時代を追ってみた。一人で行くコンビニは、個別化時代の象徴的な存在となった。

タカラブネで菓子を買う場合、一つだけ購入することは稀である。それは核家族にせよ、家族という単位での購入個数だった。これに対してコンビニは完全に個人のために販売するシステムをとっている。コンビニスイーツを一つ買うことも可能なイメージだった。コンビニが出来てからの前半は男性客がターゲットだった。女性たちはスーパーに流れていく。潮目が変わったのは二一世紀に入ってからである。魅力的なコンビニスイーツが女性客を惹きつけ、タカラブネの売り上げは落ちていく。

三　経営難下のベラミ楽団労組結成

大都市部の大型ナイトクラブの経営難が顕著になるのは、一九七〇年代のことである。一九七〇年代に二度起こった「石油ショック」を経て、高額の入店料を支払う客が減少していったことが主要な原因であろう。入店料は、大物歌手が出演する時はワンステージ一〇〇万円のギャラ支払いに回されたが、すでにクラブの体力は限界に達していた。加えて、音楽の個別化が経営難に拍車をかけた。

ベラミの場合は、一九七八年七月に起こった「山口組田岡組長狙撃事件」（本書一七八ページ）が客足減少に大きな影響を与えた。経営難に陥ったベラミは、人件費を削減することで当座を乗り切ろうとする。こうした業界では引き抜きが常態化しているが、店の顔であるホステスの質を落とすわけにはいかない。真っ先に削減の対象になったのはベラミ楽団だった。口約束だけの雇用は、ボーナスも保険もない劣悪な労働条件となっていたが、その上賃下げが強行される段となり、楽団員たちは声を上げるようになった。

ベラミ楽団労組の結成は、一九七三年頃のことである。「うたごえ新聞」第一〇八五号（一九八五年一一月二五日・一二月二六日付）はこう伝えている。

十年前から組合をつくっていた「ベラミ」のジャズメンは、一時期、給与の減額も受け入れるなどして、経営の苦しい「ベラミ」からの全員解雇をくいとめました。しかし、今年にはいって、今度は、閉店を理由にした解雇通知。日本音楽家ユニオン京都地域支部の指導も得て、三カ月分失業保険、わずかながら一人三十～五十万円の退職・礼金などで和解し、「ベラミ」も創業二十九年の幕を閉じました（「うたごえ新聞」第一〇八五号）。

組合との交渉の矢面にいたママ・山本千代子の健康悪化が表面化するのは、一九八〇年に入ってからである。自分の作ったベラミがナベプロの食い物になっていく姿を目の当たりにしていた千代子の心労は、いかばかりだったろうか。組合側も給与減額を受け入れながら、ベラミ再建の道を探っていた。

四　ベラミ争議を支えた音楽家ユニオン（労働組合）

一九八四年、一年間の闘病後、山本千代子は亡くなった。五五歳という若さだった。すでに傾きかけていた経営は、ママの死で底なし沼に陥り、八五年初めにベラミは閉店することになった。

閉店前の八四年七月、全員解雇の通知を店側から受け取ったベラミバンド労組は、すぐさま行動を起こした。当時労組は、日本音楽家労働組合京都本部（日音労京都）に属しており、結成された音楽家ユニオン関西支部の支援も受け、経営側との団体交渉の結果、賃金カットと一名減などの譲歩はあったが、全員解雇を撤回させるとともに、店との雇用契約を結ぶことになった。

ベラミ争議において力を発揮したのは、音楽家ユニオンである。一九八三年一〇月に日本音楽家ユニオンが東京で結成された。それを受けて関西でも音楽家ユニオン結成の動きが起こり、八四年七月一日大阪で音楽家ユニオン関西支部が旗を上げた。関西音楽舞踏会議、京都フィルハーモニーや京都市交響楽団のなかからも音楽家ユニオン関西支部に結集した。音楽家ユニオン結成の一三年前、バンドマンたちに労組結成の動きがあった。ここではこの組合を「日音労京都」と呼んでおこう。

チラシによれば、昭和四十六（一九七一）年三月十六日、南昌院でバンドマンによる日本音楽家労働組合支部の結成を行う旨のことが書かれている。案内を出したのは組合長の坂下儀一である。坂下は二〇〇五年には「坂下儀一と大阪キューーバンボーイズ」としてライブ演奏なども行っている。

楽団員の橋本隆さん（ベース）は次のように証言している。

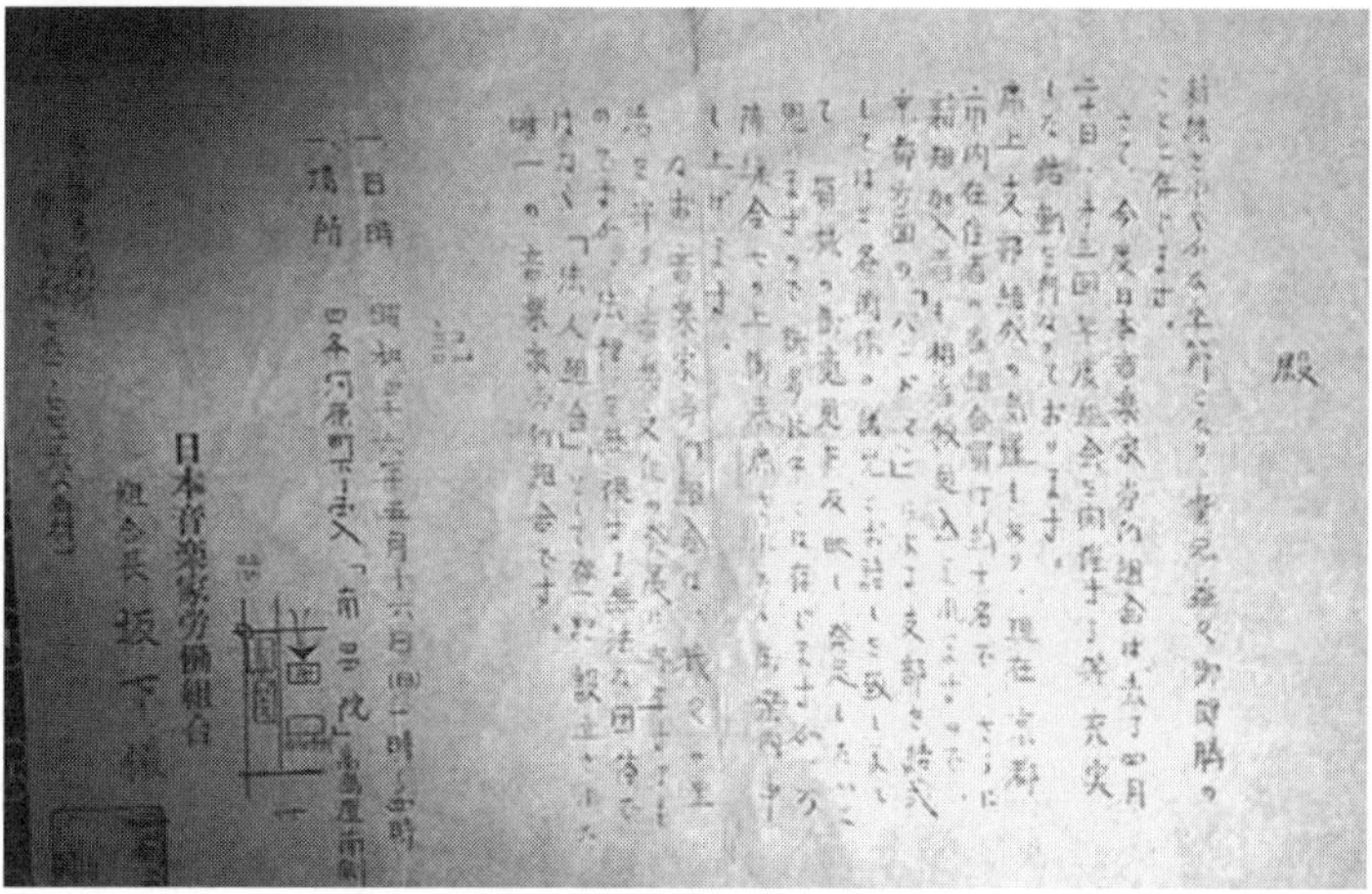
殿

記

日本音楽家労働組合

日本音楽家労働組合結成を伝えるチラシ

バンドマンには組合がなく店側から一方的な解雇がありました。そんな中で組合を作る気運が高まり日本音楽家労働組合が出来ました。京都にも支部を作ろうと云う話が高まり呼び掛けの集会案内がきました。昭和46年です。この時野力（※久良）先生がご尽力されていたようにお聞きしております。

このように日音労京都はバンドミュージシャンの労働組合の連合体だった。しかし、バンドミュージシャンの廃業が相次ぐようになると、組織は弱体化。音楽家ユニオン関西支部の京都メンバーが日音労京都と合同するかたちで、音楽家ユニオン京都支部結成の準備が始まった。

一九八四年一二月、ベラミの経営側は二度目の全員解雇通知をおこなった。八五年二月三日、商工会議所ホールで日音労京都解散大会と音楽家ユニオン京都地域支部結成大会が同時に開催され、ベラミ争議勝利に向けた活動方針が採択された。ユニオンの事務所は野力久良の経営するノリキコーヒービルの三階に置かれた。

八五年二月一六日、ベラミ闘争支援コンサートが商工会議所ホールで開催され、ベラミジャズオーケストラ、京都フィルハーモニー、音楽家ユニオン京都、同関西、京都うたごえサークルなどが出演した。

ベラミのバンドミュージシャンたちは手分けして、労働組合のナショナルセンター・京都総評傘下の労働組合に支援を訴えて回った。私はこの時、京都教職員組合宇治久世教組の専従者として組合事務所に勤務していたため、訴えに来たベラミのバンドミュージシャンの方、そして京都音楽センターの時田裕二さんと対面することになった。四〇年近く前のことなので、私の記憶は不鮮明だったが、時田さんはちゃんと覚えていた。

「真剣に訴えを聞いてくれました。そして、一万円をカンパとしてくれました」

組合の財政担当者と相談せずに一万円を出すはずはないので、おそらく自分の財布から現金を出したのだと思う。この時の楽団員の訴えへの感動が、今こうしてベラミ楽団の本を書く力につながっている。

私の所属する組合は、当時他の団体との連携は自重し自らの組合内部を大事にするという「内部固め派」と、平和運動や文化運動あるいは他の組合への積極的働きかけを重視する「積極的開放路線派」とに分かれ、私は後者の立場から組合幹部として方針を立て行動していた。もし、私が「内部固め派」だったとしたら、時田さんや楽団の方には失望感を与えてしまったかもしれない。時田さんから一万円のことを聞いたとき、そんなことを思い出した。

時田さんにしても、突然訪ねて来た私に「四〇年前のベラミ争議の資料を探してもらえないか」と言われ、倉庫のなかから資料を見つけようと時間を割くという行為に至った背景には、私が自分たちの運動の理解者だと映っていたからだろう。

二月二四日、「春を呼ぶ大音楽会」が京都会館第一ホールで開催され、ベラミバンドも出演し、二千人の人々を前にジャズの力強い演奏をおこなった。三月二九日にはマスコミ文化共闘がベラミ闘争支援&反核コンサートをシルクホールで開いた。

三月三一日、ベラミ楽団労組は団体交渉の結果、金額は少なかったが退職金と三カ月の失業保険などをかちとり、経営側と和解、ベラミ闘争は終結する。闘争は終わったが、その後一一年間、彼らの音楽家としての営みは続いた。そのよりどころが、京都ポップスジャズオーケストラ（ＫＰＪＯ）だった。

終章

京都ホップス
ジャズオーケストラ
（KPJO）の11年

はじめに

終章を書くにあたって使用した史料は、通信「ＫＰＪＯ　ＮＥＷＳ」１〜57号（一九八七年一二月〜九六年一二月）、ならびに東宗謙の書いた楽団内部向けのハガキ通信「ＫＰＪＯ短信」vol.１〜８（一九八五年一二月七日〜八六年一月一三日）、ＫＰＪＯ後援会の機関紙「スイングクラブニュース」創刊号、第七〜一五号（一九九〇年一〇月〜九一年一〇月）、当時の新聞記事などである。これらの史料を読み進むなかでわかってきたことは、おおよそ次の六点である。

一、昔はバンドボーイと呼ばれ、今はクルーと言われる下積みの人たちの実態。
二、京都ポップスジャズオーケストラのミュージカル「のっぽとちび」に出演した女性・岩間ロックとは一方的ではあるが面識があった。
三、当然だが、楽団は出入りが多く、その手配こそがバンマス（バンドリーダー）の仕事なのだと理解が進んだ。
四、元ベラミ楽団のバンマスだった野力久良が一演奏者としてカムバックしたこと。
五、ジャズ界で高い評価を受けた野力奏一さんの当時の様子。
六、一一年後のＫＰＪＯ解散のいきさつと教訓。

なお、私が京都音楽センターから入手した「ベラミ楽団員名簿」には、次の方がたの名前がある。これに序章で書いた楽団協力者の野力久良と野力奏一さん、ならびに「KPJO NEWS」1〜57号の内容を加えれば、以下の通りとなる。なお、当初の名簿にあった「豆塚猛　西京区」はその後の資料に出てこないので割愛した。

○旧ベラミ楽団（京都ポップスジャズオーケストラ）支援者・協力者

（野力久良　長岡京市　サックス）※のち加入（一九八七年一一月）
（野力奏一　横浜市　ピアノ）※出演
（野田淳子　ボーカル）※出演

○旧ベラミ楽団（京都ポップスジャズオーケストラ）メンバー

木下晃　左京区　トランペット
藤尾正巳　山科区　トロンボーン
金田研作　伏見区　サックス　※八七年九月末に退職
朝日潤　大津市　ピアノ
大川俊一　西京区　ベース
戸上信二　南区　ドラム

中井誠造　伏見区　ギター
中小路清行　大阪市城東区　トランペット
井上孝　大津市　アルトサックス
宮脇豊　大津市　テナーサックス
野口俊男　京都市　トランペット　※一九八七年五月より参加
岩間ロック（扶句子）　京都府大江町　ボーカル・ダンス
中島ちゃこ（比沙子）　滋賀県　ボーカル（山本あられの後を受け、八八年就職）

〇旧ベラミ楽団（京都ポップスジャズオーケストラ）スタッフ

東宗謙
時田裕二
山本忠生（愛称「忠やん」）
太田隆
清水直樹
山本あられ（一九八七年より参加、八八年退職）

一　あらたなる出発

「うたごえ新聞」第１０８５号（一九八五年一一月二五日・一二月二日）は、八五年三月のベラミ閉鎖から京都ポップスジャズオーケストラ結成に至るあゆみを、次のようにまとめている。

京都・三条にあった高級ナイトクラブ「ベラミ」の専属ジャズ・オーケストラがお店の閉鎖で共倒れせず、自主運営の演奏団体として、再出発したものです。

（中略）

ひところは、京都の〝夜の商工会議所〟といわれるほど財界人のサロンだった「ベラミ」です。七年前にヤクザの組長の狙撃事件で全国的に名が知られる中で、経営が少しずつ傾いてきたもの。

（中略）

（※ベラミ閉鎖後）「ベラミ」のジャズメンは店から自立せざるを得なくなりました。十三人いたメンバーのうち一人はやめ、一人は病気になり、三人は転職した、といいます。しかし、京都唯一のジャズ・オーケストラの灯を消したくはないし、消してはならない。

メンバーの知人から紹介されたユニオン（※労組）の支援などで演奏の場を求め、活動は続けられました。京都マスコミ文化共闘会議の反核・平和集会、京都建築労働組合の住宅まつり、そしてメーデー、平和のための戦争展で「狂言」の伴奏、飲食業組合の集会、団地のおまつり、母と子の

京都ポップスジャズオーケストラの出発コンサート（1985年10月16日、京都音楽センター提供）

つどい……。「ベラミ」の客とはまったく違う人びとの前での演奏が、今年の春からつづいてきたのでした。

「〝昼のお客さん〟が、ほんとうに一生懸命きいてくれるし、反響がすごい」と木下（※晃）さんは語りますが、こうして経営者に依存する活動から自主運営への自信が深められていったようです。ユニオン京都地域支部主催で、毎週二回の青空コンサート（キエフ・ビアガーデンで）が五～九月と開かれたのも、メンバーが週二回は集まり団結を深める機会としては好都合でした。

（中略）

ユニオンを通じて知り合い今年の活動で信頼を深め合った東宗謙さん（京都ひまわり合唱団）を代表として迎え、こうして「京都ポップスジャズオーケストラ」が発足。

発足が京都新聞をはじめ、各紙でとりあげられ

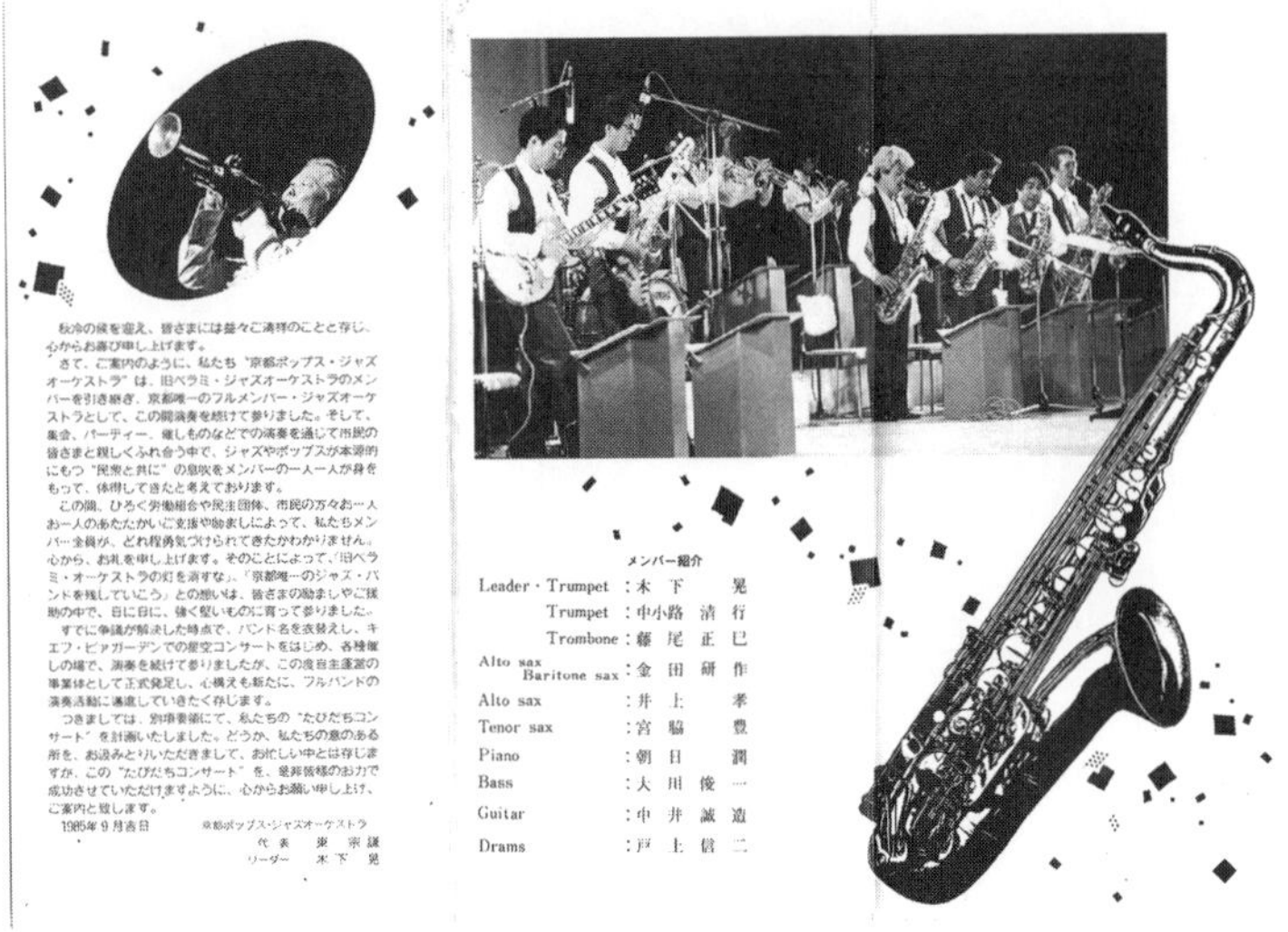

秋冷の候を迎え、皆さまには益々ご清祥のことと存じ、心からお喜び申し上げます。

さて、ご案内のように、私たち"京都ポップス・ジャズオーケストラ"は、旧ベラミ・ジャズオーケストラのメンバーを引き継ぎ、京都唯一のフルメンバー・ジャズオーケストラとして、この間演奏を続けて参りました。そして、集会、パーティー、催しものなどでの演奏を通じて市民の皆さまと親しくふれ合う中で、ジャズやポップスが本源的にもつ"民衆と共に"の息吹をメンバーの一人一人が身をもって、体得して来たと考えております。

この間、ひろく労働組合や民主団体、市民の方々お一人お一人のあたたかいご支援や励ましによって、私たちメンバー全員が、どれ程勇気づけられてきたかわかりません。心から、お礼を申し上げます。そのことによって、「旧ベラミ・オーケストラの灯を消すな」、「京都唯一のジャズ・バンドを残していこう」との想いは、皆さまの励ましやご援助の中で、日に日に、強く堅いものに育って参りました。

すでに争議が解決した時点で、バンド名を衣替えし、キエフ・ビアガーデンでの屋空コンサートをはじめ、各種催しの場で、演奏を続けて参りましたが、この度自主運営の事業体として正式発足し、心構えも新たに、フルバンドの演奏活動に邁進していきたく存じます。

つきましては、別項要領にて、私たちの"たびだちコンサート"を計画いたしました。どうか、私たちの意のある所を、お汲みとりいただきまして、お忙しい中とは存じますが、この"たびだちコンサート"を、是非皆様のお力で成功させていただけますように、心からお願い申し上げ、ご案内と致します。

1985年9月吉日　京都ポップス・ジャズオーケストラ
代表　東　宗謙
リーダー　木下　晃

メンバー紹介

Leader・Trumpet	：木下　晃
Trumpet	：中小路清行
Trombone	：藤尾正巳
Alto sax Baritone sax	：金田研作
Alto sax	：井上　孝
Tenor sax	：宮脇　豊
Piano	：朝日　潤
Bass	：大用俊一
Guitar	：中井誠道
Drams	：戸上信二

旅立ちコンサートのプログラム（京都音楽センター提供）

ると、ライオンズ・クラブのパーティーや競艇場のアトラクションなどからも、仕事がはいるようになりました。ナイトクラブ「ベラミ」時代からファンの呉服屋さんが新聞でオーケストラの存続を知り、これまで通り、歌謡ショーのバンドを依頼してきた例も。

京都ポップスジャズオーケストラの出発コンサートは、一九八五年一〇月一六日夜、旭堂楽器店（京都市中京区寺町通）のホールで開かれ、ファン二〇〇人が集まった。当時の新聞記事から抜粋してみよう。

「毎日新聞」八五年一〇月一七日付

今春、閉鎖された京都市内の名門ナイトクラブ「ベラミ」の元専属バンド「ベラミ・ジャズオーケストラ」のメンバーが、「クラブの灯は消えてもジャズ演奏の灯はいつまでも」と自分たちで運営するバンド「京都ポップス・ジャズオーケストラ」を結成、十六日夜、「出発（たびだち）コンサート」と銘打ったお披露目無料コンサートを開いた。会場の中京区寺町通夷川上ル、旭堂楽器店ホールには再生を祝福するファン二百人が駆けつけ、「マイウエイ」「昴（すばる）」など久しぶりの演奏に酔った。

ベラミ閉鎖で全員（当時は十三人）解雇されたメンバーはアルバイトの生活。互いに連絡をとり合っていたが、皆思いは一つで「楽器は捨てられない」。「やはり同じメンバーで続けよう」と、自主運営バンド作りへ。グループを支援する東宗謙・京都文化団体連絡協事務局長（三六）を代表に加え、旧メンバーに新たに二人が加わり先月から、週一回、元メンバー（※野力久良）の経営する下京区のコーヒー店（ノリキコーヒー）で練習を再開していた。

「京都新聞」八五年一〇月一七日付

◇…歌手の野田淳子、るい・みどりさんを加えてファミリー向けのジャズ・ポップスや、同オーケストラ十八番の「シージャンブルース」「しのびなき」など夜のムード音楽を次々に演奏、レパートリーの広さを見せた。

コンサート後にカンパを訴えたところ、約二〇万円が集った。なお一一月は以下のところで演奏している。

二日　朝日・大川・中井・戸上　堺グランドホテル（堺市）
三日　全員　城北生協（京都市上京区）
三日　全員　橘女子大（京都市山科区）
四日　大川・中井・戸上・木下　ひまわり（合唱団）
九日　全員　ロータリーアクト＊
一〇日　大川・中井・戸上・朝日・木下・井上・宮脇　くりのみ保育園（京都市伏見区）
一〇日　全員　京建労
一四日　全員　小倉小（京都府宇治市）
一七日　全員　弘田みえ子ショー
二二日　全員　龍谷大学生協（京都市伏見区）
二四日　全員　八日市市

＊18歳以上の青年男女を対象とした、ロータリークラブが提唱する奉仕クラブのこと。

一一月（一〜二五日）の仕事合計は全員出演のフルバンド八本、数人のグループによるコンボ三本であり、コンボをフルの半分と計算すると、九・五本の出演だった。一人一〇本を越えた場合は、フルでもコンボでも追加給与が支払われることになっていた。基本給がいくらかわからないが、給与表は次のようだった。非番の日には他の仕事を入れるなど、生活は苦しかったと思われる。

	11月給与	11月出演回数
木下晃	基本＋９０００円	10回
藤尾正巳	基本	10回
金田研作	基本	10回
朝日潤	基本＋６０００円	10回
大川俊一	基本＋９０００円	13回
戸上信二	基本＋９０００円	13回
中井誠造	基本＋９０００円	13回
中小路清行	基本	10回
井上孝	基本＋３０００円	11回
宮脇豊	基本＋３０００円	11回

代表となった東宗謙が八五年一一月より楽団員向けに発行したハガキ通信「ＫＰＪＯ短信」vol.1には、当時の様子が具体的に語られている。

「KPJO短信」vol.1　一九八五年一一月七日付

一〇月に自主運営を始め、最初の月は、八本の仕事で約百万円の収入でした。一一月の見込みは、今のところ一二本の仕事で、約二百万円の収入です。この数字だけみると、かなりうまくいっているように思えるのですが、一二月の仕事が少なく、厳しい状況です。今、決定している分は、右の四本です。

ボーナスももらって年を越そうと思うと、もうひと仕事する必要があります。クリスマスパーティーなど、紹介してください。

一二月の仕事

19日（木）　桂ライオンズクラブ
21日（土）　コンボ（※場所不明）
28日（土）　パークホテル
29日（日）　八日市

東のひとりゴト

このままでは三月を待たず、倒産です。必死で仕事をとる努力を何人がやれるか！　私、そろそろあせります。

ベラミ時代は客を待てば良かったが、自主運営を始めたので客を探さなければならないことになった。当時のスタッフ・時田裕二のファイルには労働組合の一覧表もあり、非番の日に楽団員たちがしらみつぶしに京都府下を回って訴えたことが推測できる。

二　学校公演

京都ポップスジャズオーケストラは、一九八五年一一月三日橘女子大学（現在の京都橘大学）で演奏することになった。そのいきさつを「京都新聞」が伝えている。

「京都新聞」八五年一一月二日付（夕刊）

今回、同バンド（※京都ポップスジャズオーケストラ）を招いたのは、京都市山科区の橘女子大大学祭実行委員会（柳田香代委員長）で「ジャズって、わたしたちの世代には、新鮮な響きがするし、プロバンドのナマの魅力をたっぷり聴かせてほしい」と期待。当日は午後五時から約一時間、体育館のステージで「ムーンライトセレナーデ」「スイング　スイング　スイング」などおなじみのナンバーを聴かせるほか歌のバックもつとめる。同メンバーのトランペット担当の木下晃リーダーは「最近の女子学生たちはロックやニューミュージック中心でジャズにはなじみが薄いかもしれないが、一度聴いたら必ず、とりこになってもらえるはず」と夜の社交場から花の女子大生を前にしての演奏にはりきっている。

「花の女子大生」など、今から見ると問題な表現もあるが、橘女子大での演奏の雰囲気は伝わってくる。

同月一四日には京都府宇治市立小倉小学校で公演した。「KPJO短信」はその様子をこう述べている。

「KPJO短信」vol.3　一九八五年一一月一八日付

一一月一四日の小倉小学校の初めての学校公演。朝早くから御苦労様でした。おかげ様で子供たちにもなかなか好評で、「こんな楽しい音楽かんしょう会は初めて」「もっとききたかった」などの感想が出されていました。（感想文を子供たちが書いてくれていますが、まとまれば送ってもらえるそうです）。先生方にも楽しんでいただけたようで、よかったなあと思っています。

翌一九八六年になると、京都ポップスジャズオーケストラのスタッフ・時田裕二と清水直樹は「音楽鑑賞会担当の先生へ」という文書を、京都府下の小中高の学校に郵送した。その文書のなかには「ナマの音楽・音の響きには、テレビやレコード、テープでは伝えられない迫力、感動があることはもちろんのこと、子供たちに音楽の楽しさを、そして体でリズムを感じていただくことができると思います」と書かれてある。この文書を深読みすると、それほどテレビなどが普及し、子どもたちが生バンドの魅力を知らなくなった（バンドミュージシャンたちが失業していかざるを得ない状況）のが深刻だったことがわかる。

プログラム例として、小学生向けと中高生向けの二つが提示されている。

小学生向け（約60分）

カウントベイシー・ストレートアヘッド
インザムード（映画「瀬戸内少年野球団」のテーマ曲）
お江戸日本橋
（楽器紹介）
青い空は（歌・野田淳子）
大きな歌（歌・野田淳子）
地球の仲間（歌・野田淳子）
It's a small world（歌・野田淳子）
アラレちゃんのテーマ（低学年）
茶色の小ビン（高学年）

マンボジャンボ
Sing Sing Sing ドラムソロ（三分間）
聖者の行進

中高生向け（約90分）
インザムード
ペンシルバニア
Shadow of your smile（いそしぎ）
Yesterday（ビートルズ）歌
Fly me to the moon 歌
闘牛士のマンボ
しのび泣き
聖者の行進
神様ヘルプ（チェッカーズ）
かざりじゃないのよ涙は（中森明菜）
ベイシー・ストレートアヘッド
サテンドール

What a different（恋は異なもの） 歌
ケ・サラ　歌
シージャムブルース
Sing Sing Sing
My way（アンコール曲）

京都ポップスジャズオーケストラが演奏する、中高生向けの曲「Shadow of Your Smile」を和訳してみた。なんとロマンチックな曲だろうか。

The shadow of your smile　影のある微笑み
作詞・Paul Francis Webster　作曲・Johnny Mandel　和訳・本庄豊

君がいなくなった時　その影のある微笑み
私の夢を色鮮やかに　夜明けの黎明
私の目を見つめ、私の愛を見つめ、わかってほしい
私にとってすべての愛を捧げる人、君は
私たちが願った小さな星
それは遠く高い空にある

涙が君の唇を濡らす
私も君の唇に触れる
今は春のことを考えている
愛のある日々が脳裏に浮かぶ
私は忘れないだろう
君の影のある微笑みを

代表の東宗謙は「ＫＰＪＯ短信」vol.６（一九八五年一二月一六日付）のなかで「最近、学校公演へ歩いて手ごたえ十分！　１〜３月をのりきると展望あり。『ホテルの土日、学校の平日』の安定パターンを確立する為に、レッスン充実と１人１人の力量をさらにみがこう。プロバンドとして誇りがもてるように！」と書いている。

三　野力久良のカムバック

ＫＰＪＯ結成二年目の一九八七年一二月より、「京都ポップスの活動をたくさんの方に知ってもらうために、ニュースを発行することになりました」という趣旨で、「ＫＰＪＯニュース」が誕生した。担当はスタッフの山本あられ。山本あられが八八年に退職した後は、中島ちゃこが編集を続けた。中島は京都ポップスジャズオーケストラの司会兼ボーカルでもある。このニュースが残っていたおかげで、私はこうして本書を書くことができる。

元ベラミ楽団バンマスの野力久良は、一九八五年秋の京都ポップスジャズオーケストラ発足の時は、スタジオを練習場所や事務所として提供するなどの有力な支援者だったが、二年後の八七年一一月に新メンバーとしてオーケストラに加入することになった。ベラミ時代からすれば、カムバックということになる。

毎年一一月は小中高校の文化祭に呼ばれることが多い。八七年も同様だった。

一九八七年一一月の学校公演

五日（木）　向日市第四向陽小学校
六日（金）　宇治市槇島小学校
九日（月）　長岡京市第三小学校
一〇日（火）　八幡市男山第三中学校
一四日（土）　大阪府立信太高校・和泉市（歌と司会・るいみどり）
一五日（日）　亀岡市安詳小育友会

同年一二月も次のように一六回の公演が予定されており楽団員は大忙しだった。すでにバリトンサックスの金田研作が、同年九月末でポップスを退職していた。こうしたことが、野力久良の復活を促したともいえる。

一九八七年一二月の公演予定（「ＫＰＪＯニュース」No.１　一九八七年一二月一日）

三日（木）宇治・木幡小
五日（土）烏丸京都ホテル　西山病院職員組合
六日（日）生協大手筋コンボ
　　　　　長浜ロイヤルホテルコンボ
八日（火）都ホテル国連協会
九日（木）和歌山ターミナルホテルコンボ
一二日（土）守口玉姫殿コンボ（※結婚式場）
一三日（日）ホテルニュー京都コンボ
一五日（火）ホテルニュー京都コンボ
一七日（木）東急イン山科民商（※民主商工会のこと）
一八日（金）京都教育文化センターコンボ
一九日（土）ブライダル愛コンボ（※結婚式場）
二一日（月）ライオンズクラブ

演奏する野力久良（京都音楽センター提供）

二四日（木）　国際ホテル
二六日（土）　国際ホテル
二七日（日）　おしゃれ貴族（※ホテル）

この号から「シリーズ　メンバー紹介」が始まり、最初は「新規」加入（※実際はカムバック）した野力久良である。久良は五〇歳台半ばにさしかかっていた。

野力久良インタビュー

Q　メンバーの人たちとはベラミの時にずっと一緒に仕事をしてこられたそうですけれど、またあらためて、メンバーの人たちと再会して、いかがですか？

A　メンバーを見て、最初にとっても驚いた。公演がおわってから、メンバー全員で楽器や道具のあとかたづけをしている姿は、ナイトクラブベラミにいた頃は想像できない姿。「信じられない」というおどろきと、みんなが力をあわせてひとつのものをつくっているんだなぁという感動に、胸がいっぱいになった。メンバーひとりひとりがベラミの頃よりいきいきしている。私ももっともっとがんばって、みんなと一緒に楽しい音楽をつくっていきたいと思う。

野力久良の経歴についても年表風にまとめてある。序章と重なるが、新たな事実もあるのでそのまま掲載しておこう。

野力久良のプロフィール

S7．2．11生
21年　14才よりクラリネットを習得
27年　20才　プロ入り（大阪キューバンボーイズ）
30年　23才　京都ラテンクォーター専属バンド
パレスキューバンボーイズを結成（12人編成）
36年　29才　京都ベラミ専属バンド　関西オールスターズ（15名）結成
39年　32才　京都ベラミ専属バンド　ベラミオールスターズと改める（18名、ＫＰＪＯの前身）
52年　45才　バンドを木下晃（現・バンドリーダー）に譲り退職
喫茶店営業に転身（※喫茶店開店は2年前で兼職していた）
57年　50才　ノリキスタジオ開校、同時に歌謡教室を開講
（現在生徒数１３０名）（※ノリキスタジオ経営開始は4年前）
62年　55才　ＫＰＪＯにメンバーとしてカムバック
楽器……クラリネット・サキソフォン・ウィンドシンセサイザー

ベラミ専属バンド名が「関西オールスターズ」なのか「ベラミオールスターズ」なのかわからない点がここで解明された。野力久良の喫茶店経営は昭和六三年までで、前年に二男・優が結婚、経営を他の人に譲り、ＫＰＪＯに「復帰」したことになる。ノリキコーヒービルを事務所としていたＫＰＪＯは、西陣文化センター（京都市上京区千本通）に移転することになる。

四　出会うはずのなかった人びと〜ジャズとうたごえ運動

「ＫＰＪＯニュース」№２（一九八七年一月一日）は代表の東宗謙が巻頭に「迎春　三度目の正月を何とか迎えることができました。皆様の支えがあればこそと御礼申し上げます。〝石の上にも三年〟と今年の定着をかけ、きびしい中にもロマンを求めて、全力でがんばりたいと思います」と書いた。

学校公演で続けてきた、ポケットミュージカル「のっぽとちび」（キリンとネズミの友情物語。バーバラ・ブレナーの同名絵本が原作）が好評で、おやこ（親子）劇場での公演の予約が入るようになった。公演エリアも京都から兵庫、大阪へと拡大した。

一九八八年の親子劇場の「のっぽとちび」予定

七月三日(日)　兵庫県三田市・三田おやこ劇場

七月一〇日(日)　大阪府茨木市・茨木東西北おやこ劇場

バーバラ・ブレナー『のっぽとちび』（1987年、ほるぷ出版）

おやこまつりでの演奏会（京都音楽センター提供）

七月一七日(日)　大阪市旭区・旭都島おやこ劇場
七月二〇日(木)　大阪市東区・東西南北域東鶴見おやこ劇場
一一月一三日(日)　大阪市東区・東おやこ劇場

学校公演やおやこ劇場への出演は、ナイトクラブのベラミ楽団のままだったら出会うことのない人びととの交流の場となった。

おやこ劇場（こども劇場）とは、テレビ、とりわけテレビアニメの広がりで生の演劇から遠ざかった子どもたちに、演劇鑑賞を通して豊かな感性を身につけさせようと一九六〇年代半ばから始まった鑑賞運動のことで、会費を払い二カ月に一回程度舞台鑑賞の機会を提供する。運営は会員自らが行ない、夏の親子キャンプなども実施された。

最盛期には全国に約六〇〇の事務所がつくられ、おやこ劇場の会員数も約六〇万人に達した。事務所では青年

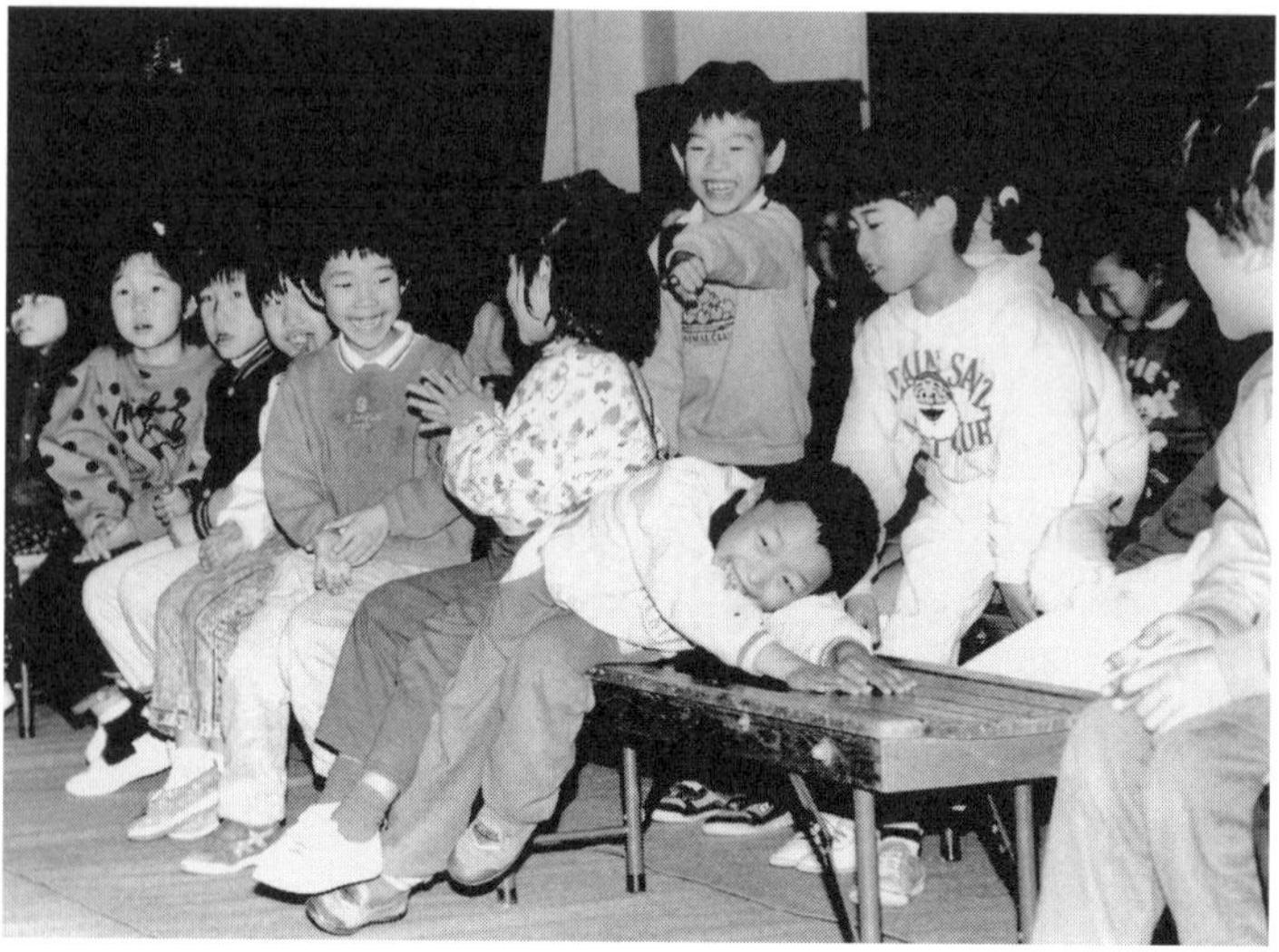

おやこ劇場の演奏会で（京都音楽センター提供）

たちが少ない手当で働いた。おやこ劇場の拡大と呼応するように既成の劇団だけではなく、児童劇団が創設され、若い俳優の卵たちが劇団に飛び込んでいった。

私がベラミ楽団と出会うのは、京都ポップスジャズオーケストラとして再出発する時期に私が労働組合の専従となっていたからだ。私の勤務する組合事務所にも、おやこ劇場や児童劇団関係者も多数出入りしていた。子どもの増加に伴い、公立学校が増設され、内部的には対立や抗争もあったが、活気に満ちた時期でもあった。

京都ポップスジャズオーケストラの活動を支えた京都音楽センターについても言及しておきたい。京都音楽センターはうたごえ運動の京都における拠点である。「京都ひまわり合唱団」の事業部を独立させ、一九七五年に設立された。八八年には京都ポップスジャズオーケストラ代表をつとめ

1985年4月7日、、円山音楽堂で開催のはたらくものの大集会で演奏（京都音楽センター提供）

たことのある東宗謙を「太鼓センター」に派遣。一九九〇年に時田裕二が京都音楽センターの代表に就任して現在に至る。

うたごえ運動とは、労働運動や学生運動と深く結びつきながら、戦後日本のなかで展開されてきた、合唱を主とする社会運動である。「うたごえは平和の力」というスローガンにも見られるように、反戦平和などについて、積極的に発言してきた。

うたごえ運動の出発点は、敗戦後まもない一九四八年に声楽家の関鑑子を指導者として「中央合唱団」が東京で創設されたことからだとされる。職場や学園にうたごえサークルが作られ、都市部ではうたごえ喫茶が次々に開店した。一九五〇～六〇年代が最盛期であるが、私が東京に出た七〇年代「ともしび」や「どん底」などのうたごえ喫茶は存在した。うたごえ喫茶ではロシア民謡や革命歌、労働歌がアコーディオンの伴奏で歌われていた。うたごえ喫茶には歌集が置いてあり、「初心者」は歌集で歌を覚えた。六〇年安保闘争やベトナム反戦運動が活発になった時期には、うたごえ喫茶で政治論議がかわされた。上條恒彦やさとう宗幸は、うたごえ喫茶から生まれた歌手である。

映画監督の山田洋次はこう書いている。

ぼくの学生時代、歌声運動は日本中に、まさに燎原の火のごとく広がっていたものでした。あの時代の若者はその運動に大変な影響を受けていたと思います。コンパやピクニック、さらにデモ行進など、学生たちは気分が高揚すると歌声運動の影響で覚えた歌を大声で合唱して喜びを表現したり慰めあったりしました。そんな時代があったのです。

その運動の中心にいたのが関鑑子さんでした。……（『関鑑子の夢を訪ねて　未来のあしあと』音楽センター、二〇二三年）。

歴史教育者協議会の大先輩である小出隆司さん原作の絵本『ぞうれっしゃがやってきた』をもとにした合唱構成は一九八六年に初演され、その後保育園や小学校で歌われ、うたごえ運動のすそ野を劇的に広げた。名古屋市東山動物園が絵本の舞台だが、戦時中に像を守った北王英一園長は京都府田辺町（現京田辺市）の出身で、小出さんは何度か私の家に泊まって北王について調査を行った。

うたごえ運動とジャズが一九八〇年代半ばに、京都ポップスジャズオーケストラのなかで出会い、

小出隆司『ぞうれっしゃがやってきた』（1987年、岩崎書店）

そして発酵していく。

五　KPJOメンバーの肖像

「KPJOニュース」一九八八年・新年号に楽団員たちの「ひとこと」が載っているので紹介しよう。

○KPJOメンバー

野力久良　往年のリーダー経験と10年間のやじ馬（ブランク？）経験を生かして、皆様に楽しんでいただけるようなバンド造りに寄与したいと思っています。

木下晃　今年はメンバー全員の音楽性と技術の向上を目ざしていきたいと思います。メンバー全員の和と協力を得て、私自身の向上に努力し、リーダーとしての責任を果たしたいと思っています。

藤尾正巳　明けましておめでとうございます。今年こそ〝音楽を続けていてよかったなァ〟と思えるようなコンサートをやってみたい。

朝日潤　「初心を忘れずがんばります！」

大川俊一　明けましておめでとうございます。今年はぜひよきパートナーを見つけたいと思っております。今年もどうぞよろしくお願いいたします。

戸上信二　１９８８年は「八・八」と末広がりが2つもあります。大いに仕事もひろげ、プレイもひろげ、京都ポップスジャズも現在の10人からフルメンバーにひろげていきたいです。

中井誠造　明けましておめでとうございます。今年も昨年以上に良いステージができるようがんばりますので、皆さんの御支援の程よろしくお願いいたします。

中小路清行　今年は花も実もある京都ポップスめざしてがんばります。

井上孝　あけましておめでとうございます。仕事の開拓、内容の充実、個人的進歩（？）にがんばります。

宮脇豊　今年は竜年ですね。京都ポップスは龍のごとく天に上る勢いで仕事ができると良いですね。皆様よろしくお願いいたします。

○ポケットミュージカル「のっぽとちび」キャスト

岩間ロック　K・P・J・Oがみんなに愛され、もっと大きく前進しますように……♡　楽しいステージをいっぱいつくってがんばります。

※本名「扶句子」。京都府大江町出身。ジャズダンスインストラクター。「のっぽとちび」のキリン役として客演。

清水直樹　88年も〝ポップス・ジャズをあなたとともに……。〟を合言葉にがんばります。

山本あられ　あけましておめでとうございます。あったかい音楽もいっぱいもって、皆様といっしょに楽しいステージをつくっていけるようにがんばります！　どうぞよろしくお願いいたします。

「KPJOニュース」にはシリーズ企画として、京都ポップスジャズオーケストラメンバーたちの紹介が掲載されている。聞き手は、途中までが山本あられ（保育士になるため退職）、その後が中島ちゃこ。ベラミ楽団の肉声とプロフィールがわかる貴重なインタビューとなっている。★は筆者のコメントである。

井上孝のインタビュー（山本あられ）

Q　今までこの仕事を続けてこられて一番印象に残っていることを教えて下さい。

A　やっぱり「小学校公演」が一番おもしろいね。ワイワイガヤガヤやっているのがいい。その中で一番感動したのは亀岡の小学校で、演奏のお礼にと、何のうたかは忘れたけど、生徒がうたをうたってくれたとき、本当に涙が出てきてとまらなかった。なんか、すごく感動したね。

※井上孝プロフィール

大津市生まれ。高校卒業後、京都の「メトロ」にバンドボーイとしてつとめ始める。昭和52年「ベラミ」に入り、アルトサックスを吹く。その後、ベラミをやめて大阪に行く。木下バンマスと会い、京都ポップスジャズオーケストラへ。

★ベラミ閉店時（一九八五年三月）に三六歳だった井上孝が、二〇一四年に投稿したＳＮＳの記録が残されていた。

「井上孝（アルトサックス／フルート／篠笛）。滋賀県大津市出身、現在も大津市に在住　大津市内の高校ではブラスバンド部に所属経験も持つ。25歳でニューソニックジャズオーケストラに所属、ソックリショー・シャボン玉ホリデー・全日本歌謡選手権などのテレビ番組にも出演。また、八代亜紀の専属バックバンドとしても全国各地での演奏を行う。その後京都ベラミの専属バンドに所属。また、京都ポップスジャズオーケストラにも所属し全国各地での演奏を行い数々の感動的なステージを努める。長年に渡る演奏活動で培ったレパートリーの幅は驚きの広さで、舞台構成などにもその経験が遺憾なく発揮されている。現在はジャズバーやホテルなどでの演奏のかたわら、若手の育成に尽力し、また篠笛をジャズに取り入れるなど新しいチャレンジにも期待したい」

宮脇豊のインタビュー（山本あられ）

Q　京都ポップスジャズオーケストラとして初めて子供たちの前で演奏した時ってどんな感じでしたか？

A　初めての時は本当に演奏が中心だったね。今みたいにミュージカルもなかったし……演奏をしている方にしたら子供たちにわかるのかな……って不安だった。でも演奏が終わってから子供たちがいっしょうけんめいに拍手している姿を見たら、あれ！？　わかるのかな……わかってくれたんだってとてもうれしかった。

※宮脇豊のプロフィール

大津市出身。テナーサックス。大津・将校クラブ、岐阜・将校クラブ、名古屋・スイングスター、京都・ベラミジャズオーケストラ（木下晃と会う）、大阪・アロージャズ、京都・ベラミオールスターズ（野力久良バンドリーダー）、喫茶店「ミヤ」を経営（愛用していたテナーサックスはしばらくの間倉庫へ。音楽活動からまったく離れる）、木下バンドリーダーと会い、京都ポップスジャズオーケストラへ。

★バンドミュージシャンの喫茶店経営はノリキコーヒーもそうだが、めずらしくない。京都ポップスの給料は安かったので、昼間学校で公演し、夜にナイトクラブなどで演奏する者もいた。

藤尾正己のインタビュー（山本あられ）

Q　学校公演を続けてこられて印象に残っていることを教えて下さい。

A　夜の世界から昼の世界へ１８０度！　きもちのきりかえが大変だったけれども子供たちの明るい笑顔を見られることが何よりはげみになって楽しい演奏ができるような気がします。子どもたちにもっともっと楽しい音楽を送り続けたいと思っています。

京都ポップスジャズオーケストラのステージ演奏（京都音楽センター提供）

※藤尾正己のプロフィール

S16年、名古屋生まれ。戦後京都へ。高校時代よりトロンボーンを吹き始める。高校卒業後、クラブ「おそめ」で初仕事。神戸、大阪、京都を中心に演奏活動。25歳から6年間、中沢寿士とMBSジャズオーケストラに所属。退団後、クラブ「ドミナス」「ベラミ」をへて京都ポップスジャズオーケストラへ。

★クラブ「おそめ」は京都の鴨川沿いの御池通にあったクラブ「おそめ会館」のこと。もともとは木屋町仏光寺通りにあった、文人たちが通うクラブ制の高級バーだったが、一九六〇年に一階にナイトクラブ、二階にグリル（レストラン）、三階にダンスホールとバンドステージを持つ、三二〇坪の「おそめ会館」となった。オーナーは元祇園売れっ子芸妓の上羽秀。客は彼女を「おそめ」と呼んだ。東京銀座にも同じ店があった。石井妙子『おそめ　伝説の銀座マダム』（二〇〇九年、新潮文庫）に詳しい。藤尾の経歴は、京都のナイトクラブの盛衰史とも重なる。

中井誠造のインタビュー（中島ちゃこ）

Q　ギターを始めたきっかけは何ですか？

A　子供の頃、近所にギターのうまい人がいて、その音色に魅せられた。今みたいに楽譜もあまり売られていない時代だったので、レコードを聴いて音をとって、独学で練習した。

Q　ファンのみなさまに一言、どうぞ。

A　できるだけ多くの人に聞いてもらいたいし、いい演奏を聴いてもらえるように一生懸命やります。みんなに好かれるような人間でありたい、死ぬまで音楽をやっていきたいと思っているので、どうかよろしく！

※中井誠造のプロフィール

西陣の織物業の家に生まれる。生粋の京都人。高校時代は軽音部でハワイアン・バンドに入るが飽き足らず、（※卒業後）ゲイリー・プロの「サウンズ・オブ・ビート」（西郷輝彦がバンド・ボーイをしていた）というバンドに所属、京都・大阪・神戸・名古屋のジャズ喫茶で演奏活動。（女の子にモテモテで、この頃に今の奥さんと知り合った）。テレビの普及とともに、ジャズ喫茶がすたれ、ベラミ・ナイト・クラブの「スウィンギング・エコー」（バンドリーダー・野力久良）にひろわれる。その後、「ニュー・コバルト」「ベラミ・ジャズ・オーケストラ」……そして現在に至る。

★「テレビの普及とともに、ジャズ喫茶がすたれ」という認識は多くのジャズミュージシャンたちが共有していた認識だったが、逆にこのテレビを最大の武器として伸長したのが渡辺晋のナベプロだった。

朝日潤のインタビュー（中島ちゃこ）

Q　いつ頃からピアノを弾いておられましたか？
A　小学校の時に習っていたんだけど、その時はあまり長続きしなかった。ジャズを始めたのは大学時代の軽音楽部で……先輩に宇崎竜童なんかがいた。
Q　今まで仕事の中で一番おもしろかったことは何ですか？
A　大学時代に友人とバンドを組んで客船に乗って演奏しながら香港・台湾に行ったことかなあ。そのために、一年留年したけど。

※朝日潤のプロフィール
出身地は名古屋。明治大学電気工学部卒業。大学時代にレッド・ハットというフルバンドでピアノを弾いていた。その後アメリカに渡り、電気通信機の修理の仕事をしながら、夜は日本人レストランでピアノを弾く。三年後に帰国、又バンドの仕事を始める。ベラミには閉鎖の三年程前（中井氏とほぼ同時期）に入団、現在に至る。

★中卒や高校中退者が多かった当時、大学卒業のジャズミュージシャンは珍しかった。しかも電気工学部。経歴的には異色である。

大川俊一のインタビュー（中島ちゃこ）

日頃から無口なハシゾーさん（※苗字が「大川」なので、時代劇俳優の大川「橋蔵」にちなんでみんなからこう呼ばれる）しきりに照れながら答えてくれた。

Q　学校公演やっててどうですか？

A　子ども達を見てると、つい自分の子どものことを考えてしまう。皆、純粋な気持ちで聞いてくれるので、うれしいね。

※大川俊一のプロフィール

中学校のブラスバンドでスーザーホンや小バスを吹いていた。高校を一年でやめて、（※大阪の）心斎橋で丁稚奉公しながら、キタのダンス・ホールで、トロンボーンのバンド・ボーイをしていた。その時、たまたまベースに欠員ができて、ベースを弾くようになった。岡山の「アジア」のバンド（リーダーは植田義明）でステージに出る。京都に戻り、ナイトクラブ「祇園」に九年いた（この間、バンドリーダーは何人か変わった）その後「おそめ」「田園」等を経て、「ベラミ」へ……、そして現在に至る。

★大川橋蔵はテレビ時代劇「銭形平次」がはまり役だったが、その主題歌を歌っていたのが舟木一夫だった。ハシゾーさんとは、ジャズミュージシャンらしいネーミングかもしれない。

野口俊男のインタビュー（中島ちゃこ）

五月から新しくメンバーに加わった彼は、ポップスのなかで一番の若手！「気はやさしくて、力持ち」という桃太郎のような人で、大きなスピーカーやアンプも一人で軽々と……。ステージのあとかたづけの時には貴重な存在。もちろん演奏も元気いっぱい頼もしい音！でも、インタビューでは「自分のことをしゃべるのは苦手」と言うシャイな彼。さて、その実態は……？

※野口俊男のプロフィール

昭和二六年京都に生まれる。日本一の実力の天理高校吹奏楽部に所属。卒業後ブラブラしていた時にたまたま先輩に誘われてクラブ祇園（藤尾・宮脇氏と一緒）のバンドボーイとなる。その後、ニューソックス（井上氏と一緒）、ドミナス、クィーンサン　ｅｔｃ……。ブルーナイツというバンドに入っていたが、おととしの二月でやめてフリーになる。昨年一二月二七日に仕事ではじめてＫＰＪＯに出会い、この五月に入団。

★中島ちゃこは人の話を引き出す名人。しゃべるのが苦手な野口俊男も口を開いたのである。拍手。

木下晃のインタビュー（中島ちゃこ）

Ｑ　バンドボーイのころの思い出は？

Ａ　夜中に何キロも離れたところまでパンを買いに行かされたり、「カレー半分買ってこい」と言われたり……くやしかったけど「今に見ておれ、オレの方が絶対うまくなったる」と思っていた。

※木下晃のプロフィール

京都市生まれ。西京高校卒業。一八歳のときに洛陽ホテル（現在の関電ビル）にバンドボーイとして入る。初ステージは一九歳の一二月二一日、琵琶湖ホテルで。その後、ジャズ喫茶ラテン・クォーターのノリキバンドに所属。ベラミから大阪のブルーナイツ・オーケストラを経て、再びベラミへ。昭和五四年からバンドリーダーをつとめる。

★バンドボーイという言葉はこの頃の用語で、現在は「クルー」と言ったりする。名前はハイカラになったが、実態は雑用係であり、封建的な丁稚制度、そしてパワハラの世界だった。華やかな音楽のステージと強烈な丁稚制度、それはそれで興味をひかれる。

清水直樹のインタビュー（中島ちゃこ）

Q　音楽は色々とやっておられたのですね。

A　中学・高校と吹奏楽部でトロンボーンを吹いていた。大学時代はうたごえサークルや〝やねうらコーラス〟に所属していて、指揮、伴奏（アコーデオンやギター）・編曲……何でもやった（奥さんとはこのサークルで知り合ったそうです）。

※清水直樹のプロフィール

今年の春に結婚したばかり、新婚ホヤホヤのマネージャー。ステージに登場することはめったにありませんが、ＫＰＪＯにはなくてはならない人です。（大学の先輩時田裕二に誘われて就職）。

★「屋根裏コーラス」は立命館大学Ⅱ部にあった合唱団。当時学生のなかでもうたごえ運動が活発になり、のちに学生歌声祭典も開かれている。京都は東京都と並ぶ学生うたごえ運動の拠点だった。

※中島ちゃこのプロフィール

本名は中島比沙子。滋賀県生まれ。生まれた産院は宮脇氏（大津市）の家の斜め向かい。幼稚園時代より高校時代までピアノ教室に通い、ピアニストを夢見ていた。高校時代、コーラスの伴奏を頼まれ合唱の魅力にとりつかれる。広島大学でも合唱団に入団。同大学教員養成課程音楽科を卒業後、京都府立桃山養護学校高等科に就職。養護学校で人生観が一八〇度変わる。職場でもうたごえサークルに参加。一九八八年（養護学校を退職し）、ＫＰＪＯ入団。ボーカル&司会をつとめる。

★他の人もそうだが、音楽には人生を決める魅力があるのだということがわかる。中島ちゃこも教育公務員から音楽の世界に転身した人である。中島には実務能力も備わっており、「ＫＰＪＯニュース」編集により、後世にベラミ楽団の情報を伝えたのである。

東宗謙のインタビュー（中島ちゃこ）

Ｑ　今までやってきた仕事のなかで、印象に残っているのはどんなことですか？

Ａ　まだ争議中の時に、京都会館第一ホールで行われた「子供の幸せと平和を願う音楽会」にオルグに行き、休憩中に演奏させてもらった。初めてそのような場で演奏して、大きな拍手を受け感激しているメンバーの姿を見ていて、自分も大変感動した。今までで一番人数の少なかった宕陰小・中学校（小・中合わせて二〇名）も印象に残っているね。

※東宗謙のプロフィール

長野県出身。立命館大学で合唱団に所属。就職のため東京に行き、その間に中央合唱団研究生修了。一年後、結婚するため、大阪に異動転勤。ひまわり合唱団に入団。日本のうたごえ祭典が京都で開かれた年に専従となる。一九八一年、京都音楽センター設立。八五年、ベラミジャズオーケストラの争議を音楽センターとして全面的に支援することとなり、京都総評の小竹氏や音楽家ユニオン、そしてメンバーから強力な依頼を受け、半年後に代表となり、京都ポップスジャズオーケストラがスタート。

★京都音楽センターや京都太鼓センターの設立に関わり、それを軌道に乗せる経営者としての力を見せた伝説の人である。「うたごえの世界からポップスに関わるようになって、とまどいはありませんでしたか」というインタビューへの東の返事は、「音楽をやっていく上でエンターティナーに徹してお客さんに楽しんでもらうという姿勢の大切さを改めて感じた」。

岩間ロックのインタビュー（中島ちゃこ）

Q　ミュージカルのキリン役をやってどうですか？

A　はじめはキリンの格好（衣装）が情けなかった。でもビデオを見て「これはおもしろい！」と思い、自信が持てた。それ以後は、どうしたら子どもが喜ぶかと考えるようになった。

Q　今後のＫＰＪＯに期待することは？

A　本当のジャズマンらしいバンドになって欲しい。ジャズは今ちょっと下火だけれど、そのうちまたきっとブームになると思う。それまで、がんばって下さい。

※岩間ロックのプロフィール

京都府大江町出身。高校・大学は体操部に所属。大学卒業後、宇治市内の小学校に赴任。教職のかたわら、劇団ミュージカルアカデミー研究生としてバレエ・声楽・芝居・ジャズダンスのレッスンなど、多忙な日々を送る。ひまわり合唱団に入団。日本のうたごえ祭典の選抜ダンスにも出演。一九八七年小学校教員退職。ジャズダンスのインストラクターとなったことを契機に、京都ポップスジャズオーケストラに客演。

★私が労組の専従をしていた一九八〇年代半ば、岩間ロック（扶句子）は宇治市内の小学校に勤務していた。仲間たちと「宇治久世バンド」を結成し、ボーカル＆ダンサーとして目を見張るような活躍をしていた。八七年より京都ポップスジャズに出演するようになった。彼女が主役をつとめたポケットミュージカル「のっぽとちび」は京都府下だけではなく全国の小学校で上演され、三〇〇校・一〇〇万人のこどもたちが鑑賞した。私は彼女が教師をやめたと聞き驚いたが、まさか京都ポップスジャズオーケストラに参加していたとは……。本書を書くなかでいろんな発見があったが、個人的には一番びっくりしたことである。

谷川充博のインタビュー（中島ちゃこ）

学校やおやこ劇場の公演でいつも音響を担当していただいている谷川さん。私たちの演奏がどう聞こえるかは、この人の腕にかかっている。若干二五歳にして自分のスタジオを持ち、外車に乗るというトレンディな人。

Q　京都ポップスに望むことは？

A　子どもが喜ぶことを、これからもどんどんやってほしい。そして大いに子どもたちが影響を受けてくれたらいいな。学校でこんな音楽を生で聴けるというのは、すごいことだと思います。

※谷川充博のプロフィール

一九六三年生まれ。高校時代ロックバンドと映画研究会に所属。一九歳で東京へ。レコーディングスクールに入学。在学中にスタジオ・スカイ（原宿表参道）に就職。三年前に「こどものうたごえ歌集」を録音したことがきっかけで、京都ポップスの音響を担当するようなった。

★谷川充博は現在精華大学ポピュラーカルチャー学部特任准教授。チョーヤの梅酒ＣＭ作曲などでも知られる。

時田裕二のインタビュー（中島ちゃこ）

ＫＰＪＯ初代マネージャー。今でもよくポップスの仕事に同行し、ある時は音響担当、ある時は運転手、ある時は太鼓運びのお兄ちゃん。

Ｑ　ポップスのマネージャーをやってた時はどうでしたか？

Ａ　こんなこと言ったら怒られるけど、意外とみんなが真面目なのに驚いた。夜の世界の人＝ちゃらんぽらんというイメージがあったので……。学校公演でも子どもたちの反応に、メンバーが感動して涙うかべたりしているのを見て、新鮮に思った。

※時田裕二のプロフィール

宇治市志津川に生まれる。その後、大阪、兵庫を転々として、京都に戻って来る。高校卒業後、社会保険事務所（中京）に就職、一年後、立命館大学Ⅱ部に入学。大学のやねうらコーラス部に入部。三回生の年末に東宗謙に口説かれ京都音楽センター専従となり、ベラミ争議と関わる。

★時田裕二は現在京都音楽センター代表であり、京都ポップスに関する資料を保管していた人である。時田なしには本書は完成しなかった。気さくな人柄で誰でもが心を許してしまう。

柏原保典のインタビュー（中島ちゃこ）

Ｑ　「のっぽとちび」は実際やってみてどうでしたか？

Ａ　はじめて見た時から、ハンター役には愛着を持っていました。実際に子どもたちの前でやった時には、思った以上に反応があり、「こんなことにまで反応するのか……？！」とびっくりしました。

※柏原保典のプロフィール

一九五七年、広島生まれ。小3で広島少年合唱隊に入隊。中学高校と合唱部に所属。京都市立芸術大学声楽科卒業。通信制高校の音楽教師となるが、八年後に退職し、ミュージカル「のっぽとちび」に出演。

★柏原は現在、大阪音楽大学のコンサートカレッジに出演するほどの実力派歌手となった。若い頃、京都ポップスに関係していたことを知り、不思議な縁を感じている。実はここ数年、大阪音楽大学コンサートカレッジで上演される作品を鑑賞している。きっかけは大学の羽鳥三実広教授（元劇団四季所属）が招待してくれるからである。羽鳥教授は拙著『戦争孤児 「駅の子」たちの思い』（二〇一六年、新日本出版社）を読み、自らが脚本・演出した「湖底のブラームス」（二〇二〇年二月末）の舞台に私を呼んでくれた。コロナ感染の拡大が始まり、上演が危ぶまれたが、ぎりぎり開演することができた。

粟田紀代のインタビュー（中島ちゃこ）

Q　音楽センターがベラミ・ジャズ・オーケストラの争議に関わるようになったとき、どんな風に思われましたか？

A　ベラミって普通の人がそう簡単に行ける所じゃなかったし、違う世界だと思っていた人たちが、自分たちで演奏の場を守るために組合を創ったことは素晴らしいと思った。センターに話があったとき、みんなは大変だと言ったけど、私はそれでもやろうと思った。
Q　会計を担当されるようになって、いろいろと大変なことが多いでしょうね。
A　やはり毎月みんなのお給料を入れる時が一番つらいですね。あれだけ子どもたちに夢を与えるすばらしい仕事をしていて、これだけしかないという悔しさ……。本当にもっと仕事が増えてほしいと思う。
※粟田紀代のプロフィール
石川県出身。京都の大学を卒業後、広告代理店に就職。結婚後は新日本婦人の会の専従事務局長となるが、転居のため退職。一九八一年より京都音楽センターの経理担当となる。ずっと続けるつもりはなかったが、周りの人たちが魅力的で現在に至っている。
★争議団のなかで一番の土台は、会計担当である。会計が揺らぐと活動は止まらざるを得なくなる。時には厳しいことも言わねばならない立場にありながら、粟田紀代は前向きである。

六　KPJO五周年とジャズピアニスト・野力奏一

一九八九年一一月二三～二六日、日本のうたごえ祭典が京都で開催された。この年は京都でうたごえ運動が始まってから四〇周年という記念の年でもあり、京都音楽センターのメンバーはその中心となって目まぐるしく動き回っていた。二六日最終日の大音楽会（京都府立体育館）には、結成四周年をむかえた京都ポップスジャズオーケストラが演奏した。うたごえ祭典という形での、全国デビューだった。

一九九〇年は京都ポップス結成五周年である。一〇月二四日は京都府立文化芸術会館で「ＫＰＪＯ五周年　記念　ポップ・ステップ・ジャズ」が開催された。代表の東宗謙は「ＫＰＪＯスイングクラブニュース」第17号でこう述べている。

「あっという間に」とはとてもいえない今の気持ちです。とにかく、やっとのことで五周年を迎えられること、うれしくもあり、今後のことを思うと、身がひきしまる思いです。

まさか五年も続くとは、誰が確信をもっていたでしょうか。あの「原信夫と♯＆♭」にしても、仕事の時だけ集って、月給制をやめたとか。関西ではもっともビッグバンドのアロージャズも、独立した事務所から古谷充氏の事務所に所属して、仕事もずいぶん減っていると聞きます。そんなバンドの生きる状況としては、日増しに厳しくなる昨今、京都の小都市を拠点にしたわがＫＰＪＯがとにもかくにも少しずつ前へ進んできています。

任意団体から、京都府知事認可の「企業組合」という法人化を実現して一年、ポケットミュージカルをつくって学校公演を巡回するという新しい演奏活動の展開。そしてついに「親と子の劇場」の全国公演も今年からスタートし、本当に少しずつ維持し拡げてきています。

演奏する野力奏一（京都音楽センター提供）

水商売でいつつぶれるかわからないバンドでありながら、メンバーとスタッフの意欲と努力、そして多くの人々に支えられながら、新しい企画とサウンドを創って、とことん前へ進んでみようと思っています。

五周年のコンサートでは、五年間試された曲、そして今後の演奏活動にむかう新曲、ゲストの野力奏一氏との熱いサウンド（前回も「これがKPJOか」と思う程熱のある演奏を示して大変うれしかった）が、皆様に十二分に楽しんでいただけることをお約束します。

五周年です。何としても満席で成功させたいと思います。スイングクラブの皆様が、一人が一人を誘ってぜひお出かけ下さいますよう、心からお願いします。

スイングクラブとは京都ポップスジャズオーケストラ後援会のことで、京都音楽センター内に置かれていた。ジャズ界の厳しさのなかでの緊張感とともに、それでも京都ポップスジャズオーケストラが前進しているという静かな高揚感が、東の文章から伝わってくる。同ニュースに野力奏一の紹介が載っているので転載しておこう。野力奏一は当時、若干三三歳だった。

一九五七年、京都に生まれる。幼少のころから父（KPJOコンサートマスター野力久良）の影響を受けピアノを始め、二〇歳の時に上京、ジョージ川口のバンド他、数々のセッションに参加し実力を評価される。一九八〇年に「本多俊之バーニングウェーブ」のメンバーとなり、八一年にはアンリ菅野のLP「SHOW CASE」のレコーディングでキーボード・アレンジを担当。アレンジャーとしての才能も注目を集める。その後、森園勝敏、来生たかお、上田正樹、山下達郎等のアルバム制作に参加する。

八三年には、ファーストアルバム「NORIKI」を発売、リーダーグループ「NORIKI」で数々のライブ活動を開始すると同時に、阿川泰子、MALTA、渡辺貞夫等のレコーディングやツアーにも参加。

また最近では、映画「永遠の1／2」や「キッチン」の映画音楽の製作も手掛け、まさに今後のジャズ界、音楽界を担うべく大活躍中である。

二〇二三年二月三日、六〇歳台半ばになった野力奏一さんに取材する機会があり、京都ポップスジャズオーケストラとのコラボコンサートについて話を聞いてみたところ、なつかしそうに思い出を語ってくれた。

おわりに

五周年を迎えた京都ポップスジャズオーケストラの演奏は、NHKFM放送の夕方の番組で五〇分間放送された。そのための公開録音は一九九〇年三月一五日、京都府民ホールアルティで開催された。

バンドリーダーの木下晃は「ＫＰＪＯ　ＮＥＷＳ」28号（一九九〇年四月一日）に、この公開録音についてこう話している。

――ＫＰＪＯとしては初めてのことだと思うのですが、終わってみての感想を。

木下　やはり久々の録音で、ぼくも含めてメンバー全員ものすごく緊張していたね。昔はよくＴＶ出演やＣＭ録音の仕事があったんだけど、最近そういうのはたいてい東京でやるから、関西では録音の仕事がなくなってきている。でも、年に何回かはやっぱりこういう仕事が必要やと思う。

――お客さんの反応はどうだったんでしょうか？

木下　ＮＨＫＦＭに出るというのでたくさんの人が知っていて、反応の大きさにまずおどろいた。当日も直前までお客さんが少ないんじゃないかと心配していたのに、幕が開いたら超満員でこれもびっくりした。

――やはりマスコミの力は大きいですね。

木下　Ⅰ部はぼくらの緊張がお客さんにも伝わってか、固い雰囲気やったけど、Ⅱ部の方はだいぶほぐれてノッてきた感じやった。選曲も良かったのかな。

この頃までが京都ポップスジャズオーケストラの活動のピークだったかもしれない。翌九一年から九三年にかけて、バブル経済が崩壊すると日本消費は急速に冷え込み、ホテルからのバンド出演要請が激減する。おやこ劇場出演と学校公演で糊口をしのぐ日々が続いた。こうした厳しいなかでも、メンバーにベースの聖代橋薫を、スタッフに佐古田めぐみを加え、運営は続いた。佐古田は「ＫＰＪＯニュース」担当となった。七周年コンサート、歌舞和太鼓「祭衆」とのジョイントコンサート、雲仙普賢岳災害支援コンサートなどを成功させていく。

しかし、一九九二年九月より全国の国公立の幼稚園、小中高学校等の毎月第二土曜日が休校となり、九五年より月二回が休校日となった（二〇〇二年よりは完全週休二日制に移行）。授業時数は従来通りとされたので、学校では行事の削減を行わざるを得なくなり、ＫＰＪＯ公演がその対象になっていく。公演は週一回程度に減り、九二年秋ＫＰＪＯは初めて多額の赤字決算となった。

赤字を受け、代表理事の東宗謙はニュースの休刊に踏み切る。「ＫＰＪＯニュース」51号（一九九三年三月一日）に東はこう書いた。苦悩する東の顔が浮かぶ。

永らくご愛読いただいていきましたＫＰＪＯニュースは、今号をもってしばらく休刊させていただきます。

昨年から制作で頑張ってもらった佐古田さんには、残念ながら事務所側の都合で一月末で退職していただき、それにより制作部は、また清水一人という厳しい状況にもどりました。

昭和天皇の病気時に歌舞音曲御法度として、一二月のパーティーでの演奏が激減しました。その頃から急速に仕事量が下降線をたどり、制作体制を強化して打って出ようと努力したものの、残念ながらバブル崩壊が加わって困難な局面の打開に至っていません。
そこで当面の重点方針として、制作部は営業に徹し、仕事をふやすことに全力をあげることにしました。さらに、新たに「KPJOクインテット」として五人編成の身軽な演奏形態をつくり、小まわりのきく演奏活動を展開していくことにしました。

一九九五年一月一七日に発生した阪神淡路大震災は、KPJOの前に立ちはだかった壁となる。同年一〇月には「一〇周年記念ディナーショー」が京都ロイヤルホテルで、翌九六年一月には「一〇周年記念コンサート（ゲスト・野力奏一）」が京都府立文化芸術会館で開催される。個々の企画は成功するが、日常の公演活動が激減するなかでKPJO内の空気は修復不可能なほど重くなっていった。
「KPJOニュース」57号（一九九六年一二月一日）は最終号となった。全文を転載しよう。

京都ポップスジャズオーケストラは、一一年間の自主運営に幕を閉じました
突然、おどろかすお知らせで申し訳ありません。
八五年三月末のナイトクラブ「ベラミ」の閉鎖に伴い、演奏の場を失ったミュージシャンたちが力を合わせ、市民のみなさんに支えられて自主運営を開始しました。〝京都ポップスジャズオーケストラ出発（たびだち）コンサート〟は、超満員のお客様を前に、駆けつけてくれたゲストの演奏を交え、熱気溢れるコンサートとなりました。八五年一〇月一六日、阪神タイガースが一〇年ぶり

にリーグ優勝を決めたその日でした。

それから一一年、本当に多くのみなさんに支えられ、たくさんの人びとにＫＰＪＯサウンドを聴いていただくことができました。様々なパーティーやイベント、式典やアトラクション、お祭りに。そして小学校・中学校・高等学校での学校公演に、全国の子ども劇場・おやこ劇場の例会に、数えあげればきりがありません。とりわけ、子どもたちに生の音楽のすばらしさや、ポップスやジャズの楽しさを感じてもらえたことは、意義深い活動だったと自負しております。のべで一三〇〇ステージ以上の演奏をさせていただき、数十万人の人びとに演奏を届けたことになります。

しかしながら、昭和天皇の病気時に「歌舞音曲」が自粛された影響で、大幅に演奏の場が減り、その後のバブル崩壊による長引く不況や、今夏のＯ－１５７騒ぎの影響でイベントの中止が相次ぎ、厳しい経済状況が長く続いてきました。こどもの人数の減少や第二・第四土曜日の休校で、学校公演の回数や予算も減り、ますます厳しさを増してきました。

そんな中、バンドとして企業組合を維持していくことが困難になり（実際には数年前から困難を抱えながらも）、メンバーと事務所の奮闘の上に何とか維持してきました。その上メンバーの音楽指向の違いや、生活面での困難等様々な問題があり、企業組合総会でメンバー全員の議論の結果、大変残念ではありますが、一一年間の自主運営の歴史の幕を閉じることとなりました。

この間応援していただいたみなさん、影になり日なたになり支えていただいたみなさん、本当にありがとうございました。私どもの力が及ばずＫＰＪＯは解散いたしますが、みなさんの心のどこかに隅っこに、良き想い出として刻んでいただけば幸いです。

なお、今後は不定期活動になりますが、野力久良バンドリーダーを中心に「関西オールスターズ」として、演奏活動を続けることとなります。声をかけていただければ喜んで演奏に出向いていきます。また、〝祭衆〟とのジョイント企画「JAZZだ　祭だ　コンチキチン」若手中心の「Q－WAIST」として活動を続けます。どうぞよろしくお願いいたします。

最後になりましたが、皆様のご健康と今後ますますのご繁栄をお祈りし、御礼と解散の報告とさせていただきます。本当にありがとうございました。

企業組合　京都ポップスジャズオーケストラ
代表理事　東　宗謙

こうして京都ポップスジャズオーケストラは一一年の活動に幕を降ろした。野力久良と数名のミュージシャンが「関西オールスターズ」の名で、不定期だが演奏活動を続けることになった。野力久良亡き後の現在も、「関西オールスターズ」は野力優を加え、「京都スーパージャズビッグバンド（KSJB）」として演奏活動を続けている。

あとがき～LPレコードを求めて

ぼくの少年期の話を書いておきたい。

同じクラスに四万《しま》温泉（群馬県吾妻郡中之条町）の老舗旅館の息子S君がいた。彼が前橋市立第一中学校に「越境入学」してきたのだと気づくのは、まだ先の話である。この中学には日銀群馬支店長の息子や古刹寺院の息子など、富裕層の子どもが多かった。曲輪町の俗称「食いつめ横丁」に住んでいた、貧しい家庭のぼくがこの中学に通ったのは、たんに校区だったからにすぎない。

そのS君の家には、LPレコードプレイヤーを含む豪華なオーディオセットがあった。ヘッドホンを両耳につけて聴いたLPレコードから流れる、ジャズの立体的な音色は今でも鮮明に覚えている。「これが音楽なのだ」と衝撃を受けた。それでも、中学校の頃はタイガースをはじめとするグループサウンズの全盛期だったこともあり、ジャズを聴くチャンスはそんなに多くなかった。そのタイガースは渡辺プロダクション（ナベプロ）所属だった。

ぼくにとって音楽とは、少年期の経験までさかのぼる。それは姉が聴いていた歌謡曲であり（姉は加山雄三の大ファンだった）、高崎にあった高級キャバレー「クラブ銀座」の経理担当だった叔母がたまに見せてくれる、専属バンドのステージだった。クラブ銀座のママは満州からの引揚者だった。色白でふくよかなママの姿を、今でも思いうかべることができる。ママの息子はのちに著名なギタリストとなる布袋寅泰。

大学時代はフォークソングの全盛期と重なり、ラジオから流れるかぐや姫や吉田拓郎の歌をよく聴いた。歌声喫茶が最後の火を燃やしていた時期でもあり、新宿の「ともしび」や渋谷の「どん底」に通い、ロシア民謡や労働歌、革命歌を仲間たちと歌った。歌いながら、ぼくは学生運動の渦の中に飛び込んでいく。

京都で働くようになってからのぼくの音楽体験は、通勤の車の中でカセットテープを聴くことくらいになった。それは公立中学校で非行少年たちの指導に明け暮れていたためである。いかに音楽と無縁の生活をしていたかは、いつの間にかＬＰが消えＣＤになったかを憶えていないことからもわかる。

三〇代半ばに教職員組合の専従活動家となり、学校現場を離れた。そこで二つの音楽についての体験をした。一つは障がい者の人たちとつくる「汽車ぽっぽコンサート」（京都府城陽市）の事務局長となったことである（次長は森山章子さん）。共同作業所や障がい者施設の方がたと直接交流した貴重な体験となった。二つは宇治・城陽・久御山「平和祭」という地域の平和運動のイベントに関わり、京都音楽センターのメンバーと知り合いになったことで、京都ポップスジャズオーケストラ（前身は「ベラミ楽団」）の本格的な演奏を聴く体験をしたことである。高級ナイトクラブ「ベラミ」の専属バンドは、ベラミの閉店と共に解雇され、反発したバンドマンたちは労働組合に団結して争議を起こした。京都総評に加入し、解雇撤回を求めて裁判で闘った。その時期、京都総評傘下の労組役員としてぼくはベラミ楽団の存在を知ったことになる。楽団はベラミとの和解後も京都府下の学校やイベントで演奏し、一一年間活動を続けた。

ベラミは、かつて京都三条大橋東にあった高級ナイトクラブ。京都の「夜の商工会議所」とも言われ、企業家や経済人たちがベラミの客だった。一九七八年山口組組長狙撃事件の現場になったベラミは、一九八五年ママの死で店を閉じた。

ベラミ楽団のことはずっと気になっていたが、詳しく知る機会もなく、長いあいだ放置していた。学校現場から離れ、時間的余裕ができたこともあり、昔のLPレコードを聴いてみたくなった。レコード再生機器は残してあったがLP本体が少ない。そこでリサイクルショップなどをめぐると、昔のLPレコードが二束三文で売られていた。雑音は入るが、中学時代にS君の家で聴いたあの音色は同じだった。そのなかにジャズの名盤やベラミで収録されたレコードもあった。ベラミで収録された越路吹雪のLPレコード（一九六七年版）を聴いたときには、体が震えた。本書はぼくが失っていた音楽を取り戻す旅の記録でもある。

越路吹雪を聴きながら、「ベラミ楽団の人たちはその後どうなったのだろう？」そんな思いがぼくの胸をよぎった。思いはしばらく沈殿していたが、レコード鑑賞を続けるなかで、ある時から無性に楽団のことを調べたくなった。そこで関係するところに電話やメールをしたが、四〇年以上も前の話を覚えている人はほとんどなく、雲をつかむような話だった。

古い歴史は残るけれど、新しい歴史は次々に消えていく。

とりわけ戦後史は学校で教わらないこともあって、知らない人がたくさんいる。ベラミ楽団を追いかけながら、アメリカにおけるジャズの歴史、日本のジャズ史、戦後占領下の日本人ジャズバンドの隆盛、朝鮮戦争停戦後のアメリカ軍主力の日本撤退に伴いジャズミュージシャンたちがジャズ喫茶に活路を見出していく歴史が見えてきた。また、戦後の日本の歌謡曲のルーツは占領下におけるジャズにあったことなど……。ベラミはその延長線上にあったのである。

こうした戦後社会史は歴史教科書には載っていない。一九六〇年前後は戦後最大の社会運動となった「六〇年安保闘争」に象徴されるようにまさに「政治の季節」だったが、中内㓛が神戸でダイエーを創業（一九五七）するなど実は「経済の季節」（高度経済成長）でもあり、野球やプロレスなどのプロスポーツや、歌謡曲や演歌の歌手たちが大衆の心をつかんだ「大衆文化の季節」でもあった。安保反対の巨大デモ横にあった後楽園球場で、人びとはプロ野球に熱狂していたのである。

ベラミという京都の高級ナイトクラブを特徴づけるのは、豪華な出演者たちである。この出演者たちの斡旋にかかわっていたのが、巨大芸能プロダクション・渡辺プロダクション（ナベプロ）だった。ナベプロの背後には、広域暴力団・山口組がいた。ナベプロを模倣したとされるジャニーズ事務所がマスコミや政財界と結びつき、社長・ジャニー喜多川の長年にわたる性加害の温床になってきたことを報道で知りながら、芸能プロダクションとは何かについて深く考えるようになった。本書の趣旨を逸脱しない範囲ではあるが、ナベプロやジャニーズ事務所など芸能プロに関するぼくのコメントを入れたのは、マスコミすら支配した芸能プロがかかわる戦後史の闇に、暗然としたからでもある。それは、ぼくにとっては戦後史のなかであまりにも見落として来たものが多いのではないかという「気づき」でもあった。ベラミを調べることは、現代日本の閉塞感の原因の一つを見つめることではないかと考えるに至った。

二〇二三年、戦争孤児といわれた子どもたちを実証的に叙述した『児童福祉の戦後史～孤児院から児童養護施設へ』（吉川弘文館）、高度経済成長期の「流通革命」を追った『ケーキと革命～タカラブネの時代とその後』（あけび書房）、一九五〇年代の平和運動を担った一人の人物を描いた『西本あつし～平和行進をはじめた男』（群青社）の三冊を出版した。いずれも日本の戦後史について書いた本である。すでに『戦争孤児～「駅の子」たちの思い』（二〇一六、新日本出版社）や、戦後日本アニメ史についての著作『なつよ、明日を切り拓け　連続テレビ小説「なつぞら」が伝えたかったこと』（二〇一九、群青社）があるので、本書はぼくの戦後史研究の六冊目の著作となる。

本書のなかで、日本の大衆文化（音楽）の戦後史を、ナイトクラブ「ベラミ」楽団の奏でたジャズや歌謡曲の歴史とともに紐解いてみた。戦後史研究は、絶望と歓喜が交錯する、暗く深い森の中の宝さがしに似ている。それはまだ始まったばかりなのである。

本書の校正については娘の手を煩わせた。この場でお礼を言いたい。

二〇二四年六月一日　ＬＰレコードを聴きながら

『ベラミ楽団の20世紀』関連年表

西暦	世界史	日本史	欧米ジャズ・ロック史	日本ジャズ・歌謡曲史
1840	アヘン戦争	1837大塩の乱	米でクレオール文化成立	
1857	インド大反乱	60井伊暗殺	(→ブルースの誕生)	
1863	米奴隷解放宣言	66薩長同盟	米南軍の軍楽器が黒人に	
1867	マルクス「資本論」	68明治維新	ニューオーリンズでジャズ発生	
1898	米フィリピン支配	94日清戦争	ジャズがシカゴに伝播	07東洋音楽学校開校
1914	第一次世界大戦	1910大逆事件		12地洋丸横浜港出航・日本人バンド
1917	米第一次大戦参戦	14日露戦争		※渡航バンドマンがジャズを広める
	ロシア革命	23関東大震災	20－33米禁酒法	20横浜市鶴見にダンスホール
1919	朝鮮で三・一運動	29山宣暗殺	(暗黒街時代)	(プロレタリア芸術運動)
	中国で五・四運動	33多喜二虐殺	(地下酒場でジャズ公演)	37服部良一「別れのブルース」作曲
1939	第二次世界大戦	37日中戦争		39服部良一「ラッパと娘」作曲
1941	アジア太平洋戦争		41映画「ブルースの誕生」	44服部良一、上海に渡る
				44ジャズ禁止令
1945	ドイツ敗北	45日本敗戦	47映画「ニューオーリンズ」	45RAA（特殊慰安施設協会）結成
1949	中華人民共和国創立			45東山ダンスホール（京都市）
1951	サンフランシスコ条約	50－53朝鮮戦争		45琵琶湖ホテルを米軍接収
1951	日米安全保障条約	52内灘闘争	54映画「グレンミラー物語」	47特別調達庁できる
				51渡辺晋シックス・ジョーズ結成
		53妙義闘争	(ロックンロール流行)	52（空前のジャズブーム）
1955	バンドン会議	54ビキニ事件		53テレビの本格的放送開始
		55砂川闘争	56映画「ベニー・グッドマン物語」	56京都でベラミ開店
	(米公民権運動)	55原水禁大会	57映画「お熱いのがお好き」	58日劇ウエスタンカーニバル
1960	アフリカの年	60安保闘争		59ザ・ピーナッツデビュー
		63名神高速	62英ビートルズデビュー	61映画「モスラ」にザ・ピーナッツ出る

年	世界
1964	ベトナム戦争〜75
1973	米軍ベトナム撤退
	ソ連アフガン侵攻
1975	ベトナム戦争終結
1979	スリーマイル島事故
1986	チェルノブイリ事故
1989	天安門事件
1989	ベルリンの壁崩壊
1990	東西ドイツ統一
1991	湾岸戦争

64 新幹線開通
64 東京五輪
65 日韓条約
(公害反対運動)
70 安保闘争
70 大阪万博
72 沖縄復帰
73 石油危機
78 日中平和友好条約締結
81 バブル経済
81 残留孤児〜
91 バブル崩壊
95 阪神大震災

64 米坂本九「スキヤキ」ヒット
65 反戦フォークソング隆盛

61 野力久良と関西オールスターズ結成
61「シャボン玉ホリデー」放送開始
(植木等とクレージーキャッツ全盛)
66 加山雄三「君といつまでも」
65 第1回びわ湖ジャズフェス
67 ザ・タイガースデビュー
(GSブームが起こる)
67 越路吹雪がベラミでLP収録
67 ジョーン・バエズ来日
68 いずみたく「友よ」ヒット
(フォークソングブーム)
69「8時だョ！全員集合」開始
70 奥村チヨがベラミでLP収録
71 加山雄三がベラミでLP収録
71 平尾昌晃がベラミでLP収録
72 欧陽菲菲がベラミでLP収録
72 フランク永井がベラミでLP収録
74 森進一がベラミでLP収録
78 黒沢年男がベラミでLP収録
78 ベラミで山口組田岡組長襲撃事件
79 劇「上海バンスキング」上演
84 ベラミのママ・山本千代子病死
84 ベラミ争議
85 ベラミ争議和解
85 KJPO結成、自主運営を始める
96 KJPO解散。

【補論】

いま戦後史を学ぶ
〜自らの生き方と重ね合わせつつ

※ 本稿は歴史教育者協議会編『歴史地理教育』の連載（2023年10月〜2024年6月）に加筆したものです。

はじめに～歌が世につれていた時代

　私が大学に入学するため群馬から東京に出た一九七三年、上村一夫が週刊『漫画アクション』に劇画「同棲時代」を連載していた。同年一一月に連載は八〇回をもって終了する。連載中の同年二月には、ＴＢＳが沢田研二と梶芽衣子を主演とする単発ドラマ「同棲時代」を放送している。原作はもちろん上村一夫。脚本は山田太一、フィルム撮影に渡辺晋とある。渡辺晋は沢田研二の所属する芸能事務所・渡辺プロダクションの社長だった。フォーク歌手の山本コウタローが出演、吉田拓郎が挿入歌「旅の宿」を歌っている。

　貧しい苦学生だった私は、『漫画アクション』やテレビドラマとは無縁の暮らしだった。それでも歌「同棲時代」は口ずさむことができる。歌のうまい同級生Ｍが歌っていたからだ。同年九月にかぐや姫「神田川」（作詞・喜多條忠、作曲・南こうせつ）のＬＰレコードが発売され大ヒット（ミリオンセラー）しており、私はＭから「神田川」も教えてもらった。当時は七〇年安保闘争の名残の感じられる時期で、街頭デモも盛んだった。私は熱に浮かされるようにベトナム戦争反対の国会包囲デモに参加した。

七〇年安保闘争の高揚期を知っている者にすれば、七三年は運動の衰退期と見えたのかもしれない。南こうせつから作詞依頼を受けた喜多條忠は、神田川沿いの安アパートの三畳間で同棲していた女性のことをいつくしむように、「神田川」を書いたという。「ただ　貴方のやさしさが　恐かった」という歌詞には、自分のなかにある、学生運動への情熱を失っていく空虚な気持ちを込めたという。

　「歌は世につれ、世は歌につれ」という言葉がある。歌は時代を映す鏡であるとともに、歌によって世の中も影響を受けるという意味だろう。「同棲時代」や「神田川」が歌われ、同棲や三畳一間が流行語になっただけでなく、実際同棲する学生も少なくなかった。私の下宿先は四畳半だったが、三畳に女性と住んでいる学生もいた。

　この時代、歌は世相をあらわしていた。しかし、今は嗜好する楽曲の個別化が進み、私の教える大学生たちは自分の「推し」を言うが、その楽曲は流行歌ではない場合が多い。各自が好みによってそれぞれの音楽に接するようになったのである。

　作曲家のなかにし礼は、自著『歌謡曲から「昭和」を読む』（二〇一一、ＮＨＫ出版新書）のなかで、「音楽の個別化」

についてこう書いている。

……一九七〇年代（昭和四十五〜五十四年）の歌謡曲の黄金時代は同時に、歌謡曲が終焉へと向かう道のとば口にもあたっていた。そのキーワードは「デジタル」であり、具体的にはコンパクト・ディスク（ＣＤ）の爆発的浸透である。

昭和五十七年（一九八二）に商品化されたＣＤは、またたく間に音楽のあり方を変えた。ボックスに入れるだけですぐに音が鳴り出すという簡便さに加えて、製作コストの安さから新しいバンドの自主製作ＣＤなどが大量に出回ると、若者はテレビの音楽番組などを見ることなく、一人部屋にこもって自分の好きな音楽だけを聴くことができるようになった。

歌謡曲はさまざまなジャンルを含む「流行歌」のことである。この流行歌を生み出してきたのがテレビの音楽番組であり、仕掛け人は渡辺プロダクションなどの芸能事務所だった。芸能事務所は何人もの歌手を抱え込んでいた。近年はＣＤなどの媒体を使わず、スマホやパソコンなどでダイレクトに音楽をダウンロードするようになった。「音楽の個別化」が極限状態にまで進んだことになる。

この補論は学会誌『歴史地理教育』に連載（二〇二三年一〇月〜二四年六月）した文章「いま戦後史を学ぶ」を、加筆して完成させたものである。『歴史地理教育』を編集・発行しているのは歴史教育者協議会（歴教協）で、私はその学会の役員だった。歴教協は小学校から大学までの歴史（社会科）教員で構成される研究団体である。連載は長丁場で、本書執筆とも重なったため、四苦八苦しながら書き進めた。その際、高橋磌一『流行歌でつづる日本現代史』（一九六九、新日本出版社）に学ぶことが多かった。

私の記憶違いでなければ、高橋磌一先生はよく「歴史とは愛と憎しみの道場である」と話していた。「歴史」を「人生」と置き換えても通じるような気がする。自分自身、たくさんの愛を受け、たくさんの憎しみも向けられた。付与《ふよ》褒貶《ほうへん》の大きさもまた、歴史であり人生であるのかもしれない。

一　高橋磌一『流行歌でつづる日本現代史』

日清製粉と正田家

新採教員として赴任して間もない京都府南部の城陽市立北城陽中学校の体育館で、宇治久世教職員組合主催の「夏の教研」が開催された。会場校の勤務なので、イス並べや舞台設営などを担当した。体育館のステージに「講演・高橋磌一先生（歴史教育者協議会委員長）」と書かれた横幕を掲げたのを記憶している。いま思えば、高橋先生が亡くなる直前の講演だった。

講演テーマは失念したが、高橋先生が話した内容の輪郭は大学ノートに書き残していた。製粉シェア日本一の日清製粉株式会社と、創業家・正田家の歴史についてだった。日清製粉の前身は、正田貞一郎が群馬県館林町（現在の館林市）に設立した「館林製粉株式会社」で、「日清製粉株式会社」（横浜市）となったのは一九〇七年のことである。日清製粉はその名のとおり日本と中国（清国）を商圏として、日本の行う戦争のたびに生産を拡大していった製粉会社で、食糧を握ることで軍部にも大きな影響力を持ったという。アジア太平洋戦争中、貞一郎の孫娘・正田美智子が舘林に疎開するのは、父方の実家があったからである。

「戦後の一九五四年に軽井沢のテニスコートで当時の皇太子と出会い、交際を続け、一九五八年に結婚したが、その時に起こったのがミッチーブーム。一般人が皇太子妃になったことで、それまで畏怖されてきた天皇家を〝親しまれる皇室〟にしていく上で、ミッチーブームは大きな契機になった。ただ正田家という〝民間〟は当時の天皇制政府と密接にかかわり、肥え太っていった政商でもあったことをわすれてはならない」と高橋先生は語った。

私が学生時代にもっとも大きな影響を受けた歴史研究者は色川大吉である。色川の『明治精神史』（黄河書房、一九六四年）は、民衆思想史研究の地平を開いた書としても、叙述の新しさという点でも私のバイブルのような存在だった。『明治精神史』は高度な歴史研究書でありながら、「読ませる書」だった。だが高橋先生の語る歴史学は、色川と比べより身近に感じられた。色川が「民衆史」であるとしたら、高橋先生は「庶民史」と呼べるかもしれない。

高橋磌一先生（一九一三〜八五）は七二歳で亡くなるまで、日本中世史・近世史研究者として精力的に歴史学に取り組むと共に、戦後は歴教協を創設し書記長（のちに委員長）として歴史教育研究・運動の先頭に立った。一九四二年に召集されるまで暁星中学校で教えた体験が歴史教育への強い思いにつながったに違いない。

〽粉屋の娘が玉の輿♪

講演後、思い切って高橋先生に話しかけてみた。

「正田家は群馬県の館林出身とお聞きしました。私は同じ県の松井田町の生まれなのですが、子どもの頃美智子さんの歌が流行っていたのです」

「どんな歌なのですか？」柔和な目で高橋先生は言った。

私は節をつけて、「〽粉屋の娘が玉の輿♪」と歌った。外国の新聞がシンデレラストーリーとして書いた記事があるそうだが、それがルーツかはわからない。ただ、私たち少年はこの歌を歌ったのである。高橋先生は、私の話を興味深そうに聞き、ノートにメモした。書籍売り場では高橋磌一先生の著書が並んでいた。私が購入したのは次の三冊である。

『流行歌でつづる日本現代史』（一九六九、新日本出版社）、『洋学思想史論』（一九七二、同）、『歴史わが人生』（一九七九、新日本新書）。

牧野富太郎と高橋磌一

高橋磌一先生の業績については、『高橋磌一著作集』全12巻別巻3（あゆみ出版、一九八四～八七）がある。おそらく出版社の関係で『高橋磌一著作集』に収録されなかった著作のうち、重要なものは『牧野富太郎』（一九六〇、講談社世界伝記全集50）であろう。牧野富太郎は、NHK朝ドラ「らんまん」（二〇二三年度前期）のモデル。高橋先生は歴教協運動に身を投じた在野の学者としての自らの生き方を、やはり在野の植物学者として業績を残した牧野に投影したはずである。『高橋磌一著作集』12に牧野富太郎のことが載っている。

私はかつて、植物学者・牧野富太郎博士の伝記を書いたことがある。その伝記を書くにさきだち、一九五三（昭和二十八）年十月のよく晴れた日、東京練馬区大泉の牧野博士のお宅にうかがった。

（中略）

朝鮮戦争では最初から、アメリカの原爆使用論がささやかれ、トルーマン大統領は「朝鮮における原爆使用も辞せず」と声明をだした。そんななかで、広島・長崎の悲惨をくり返してはならない、今度原爆を使った者は戦争犯罪人とみなす——というストックホルム・アピールが出された。署名運動は全世界に広がり、六百五十万人の署名が集まって世界平和に大きく貢献した。

わが国でも、この運動は熱心にやられた。当時はまだアメリカ軍の支配下で、レッドパージのあらしがふきあれていた。署名を集めるだけで、学生は学園を、労働者は職場を追われるという困難な状況のなかで、牧野博士は、地域の活動家がもっていっただろう署名用紙に、まっ先に署名されたのであった。

二　非行少年がいた時代

『ブリキの勲章』と西本あつし

非行少年の立ち直りのために奮闘する中学校の担任教員とそのクラスの生徒たちを描いた映画『ブリキの勲章』（一九八一、中山節夫監督）は、当時中学校で暴力非行少年たちと格闘していた私の背中を押してくれる熱い内容の作品だった。原作は能重真作の著書『ブリキの勲章　非行をのりこえた45人の中学生と教師の記録』（一九七九、民衆社）である。非行少年たちが熱狂したロックグループが、一九八〇年にデビューした「横浜銀蝿」だった。彼らの暴力的なロックミュージックとそのツッパリスタイル（文化）は、反権力・反権威の象徴として少年少女たちを虜にした。

学校が暴力非行に晒されていたとき、教師たちは非暴力による学校再生をめざし、連夜議論を重ねた。拙著『西本あつし　平和行進をはじめた男』（二〇二三、群青社）は、一九五八年にたった一人で広島から東京までの平和行進をした、非暴力平和主義の元僧侶の生涯を追った伝記である。西本の行進には沿道から次々に賛同者があらわれ、のべ約百万人が参加し、巨大な平和のうねりを作り出した。西本は高知県の孤児院（教護院）の元用務員だったが、彼と収容者である孤児たちについて記述した拙著の次の文章には、非行少年たちと向き合った自分の体験が織り込まれている。

男子のうち、窃盗などに手を染めてきた悪童たちが西本あつしによくなついた。あつしが彼らの行為を即座に否定せず、面白そうに聞くからだった。用務員のあつしは、いつしか悪童の親分のような存在になっていく。かっぱらいの得意話から始まる悪童との会話だったが、いつしか別れた母のこと、辛かった親戚の家、戦死した父のことなど、涙を流しながら語るようになった。聞いていたあつしも一緒に泣いた。戦争がすべての悪の根源だ……。西本あつしが「平和新聞」

を配るのを園児たちは手伝うようになった。

『すべての生徒が100点を』

能重真作は東京都足立区の国語科の教員であり、社会科教員で非行問題に取り組んでいる人はいないかと捜していたら、江東区の中学教員・加藤文三の名前を見つけた。加藤は私の出身大学の先輩であり、学生時代に読んだ加藤の『石間をわるしぶき 国民的歴史学と歴史教育』(一九七三、地歴社)からは、学問と実践とをつなぐという意味で強いインパクトを受けた。

加藤文三の実践『すべての生徒が100点を』(一九七七、地歴社)を読み、非行問題の根幹には学力問題が存在すること。楽しくわかる授業を創造することとともに、定期テストで100点をとれる喜びを生徒に実感させる実践の大切さを学んだ。定期テスト終了後、生徒たちを放課後集めて同じ問題で再テストを繰り返す「100点運動」は学年づくりともつながり、教師と生徒との間に学力を通じた人間的な信頼関係を醸成するものとなった。

この時期、京都府南部の中学校社会科教員のあいだで「日本国憲法前文暗唱運動」が広がっていたことも、「100点運動」が受け入れられる土台ともなった。戦前の忠君愛国教育の柱となった教育勅語の暗唱を想起させるとして反対する意見もあったが、「まずはやってみよう」という流れのなかで、実践は展開された。先輩教師たちの多くは、憲法知事とも呼ばれた蜷川虎三の「憲法を暮しの中に生かそう」というスローガンをよく口にしていた。

「非行に立ち向かう社会科」

歴教協の支部や府の例会が毎月開催される土壌となったのは、教職員組合の活発な教育研究集会(教研)があったからだ。京都教組や宇治久世教組が毎年それぞれ二回ずつ、夏と秋に教研を開いただけでなく、青年教研や婦人教研などもあり、学ぶ機会には事欠かなかった。こんな時期、「そろそろ教研にレポートを出さないか」と歴教協の先輩教師に言われて書いたのが、「非行に立ち向かう社会科」だった。「100点運動」や「憲法前文暗唱運動」について、京都府青年教研で生徒の感想とともにまとめ発表した。

今ならばこのレポートは生活指導の分科会にエントリーされるものかも知れないが、何よりも社会科教員の人たちと交流したいと思い、社会科分科会に提出した。

『学問の花ひらいて』

多忙のなかではあったが、「加藤文三先生のような授業がしたい」という思いで読んだのは、『学問の花ひらいて』(一九七二、新日本出版社)だった。この本で加藤は江戸時代の蘭学の広がりを、生き生きと伝えた。本を読みながら、教室の生徒たちが目を輝かせて授業を受けている姿が浮かんできた。学生時代に自由民権運動の研究のため秩父の地に入った加藤が江戸時代の文化について研究するきっかけとなったのは、歴教協の先輩・高橋磌一の影響であろう。『高橋磌一著作集3　開国への政治情勢』(一九八五、あゆみ出版)の「解説」で加藤はこう述べている。

高橋氏の研究者としての特色は、どこの大学にも所属したことがない在野の研究者だということである。そして民衆の生活に深い関心をよせている。歴史上の人物に対しても、在野の立場にあって、民衆の生活に深くかかわった人物に高橋氏が傾倒することは、当然であろう。そのような人物の代表として、司馬江漢があり、平賀源内があり、高野長英がある。

高橋氏が洋学史にはたされた業績は、羽仁五郎氏ら洋学に関する先駆的な業績を発展させて、洋学史を科学として基礎づけただけではなく、これらの今まで埋もれていた人たちに光をあて、それらの人たちを通じて、民衆の生活を科学の発達とともに生き生きと描いたことである。

加藤文三の「解説」の最後は、治安維持法に反対した労農党代議士・山本宣治の言葉で結ばれている。『学問の花ひらいて』において、加藤文三は高橋磌一『洋学論』から強い影響を受けたと証言している。なお高橋は「蘭学のはじめのころは在野の精神を研究するにふさわしい」と述べている。これは自分自身に言い聞かせた言葉でもあったにちがいない。

加藤文三には、鈴木亮、吉村徳蔵との共著『歴史教育の資料と扱い方』(一九六五、大村書店)がある。私の愛読書の一つである。その加藤がいつだったか雑誌に、「地元の歴史教師が一番地元の第一次史料に近いところにいる。これを発掘しわかりやすく叙述することは、歴教協の使命だ」と書いていたことがある。私淑した社会運動史研究者・塩田庄兵衛先生の宿題「山本宣治研究」を前に、労働組合活動家と歴史研究者との両立という難題をかかえ、迷っていた私を鼓舞してくれたのが加藤のこの言葉だった。

問題行動を繰り返す中学生たちと過ごした日々が、敗戦後の日本の「浮浪児」（戦争孤児）研究の動機の一つにもなったように、人生において無駄なことは一つもないのではないか。忖度のはびこる日本社会ではあるが、少し角が立っても言うべきことは言い続けたい。それが歴史研究を続ける者の責務ではないかと思っている。

鈴木良は、『高橋磌一著作集3 月報7』において「何時のことであったか、（高橋）先生から『歴史研究者』は多いが歴史家は少ない。という私信を頂戴した記憶がある」「歴史家は大局を問題とする——細部を見ても、そこに大きな流れを発見できなければならない」「高橋先生は、この条件に合致する数少ない歴史家のおひとりである」と書いている。

加藤文三もまた歴史家のひとりである。二〇一〇年、八〇歳になった加藤文三の著書『渡辺政之輔とその時代』（学習の友社）が上梓された前年、同じ出版社から拙著『山本宣治〜人が輝くとき』を出版することができた。加藤は現在九三歳、ずっと在野で歴史研究を続けている。

三　自由民権運動とティーロード

「五日市憲法」の発見

色川大吉（東京経済大学教授）と彼のゼミの学生たちが「五日市憲法」を農家の土蔵のなかから発見したのは、一九六八年のことである。養蚕の盛んだった五日市では豪農と呼ばれる人たちが結社「学芸講談会」を作り、講演会や読書会、討論会を行っていた。深沢権八は東京でフランス革命や思想家・ルソーの翻訳書、法律書を買い求め、それを深沢家に保管したので、懇談会のメンバーはそれを読むことができた。こうして生み出されたのが五日市憲法である。

五日市憲法の起草者は元仙台藩の千葉卓三郎、五日市の勧能学校の教師だった。千葉も若かったが、懇談会を主催する深沢は若干二〇歳の青年だった。そして、現在の日本国憲法につながる地下水脈となる五日市憲法を発見した色川も、彼の指導を受ける学生もまた若かった。昭和の一五年戦争へとつながる大日本帝国憲法とは違う道、自由民権運動の指し示す別の道があったのではないかという思いで、大学生の私は五日市憲法を何度も何度も読んだ。

「日本近現代分科会」への参加

歴史教育者協議会全国大会で中学公民分科会の世話人を長くしているが、最初に参加したのは日本近現代分科会だった。分科会では、貧困や飢餓から百姓一揆が生まれるのではない、激化事件だけが自由民権運動ではない、一定の富や人材の蓄積なしには大衆運動は長期的には起こりえない、そんな議論が活発に行われていた。

自由民権運動について言えば、国会開設を目指して署名や学習会が各地で開催されており、五日市憲法の発見もそうした動きのなかで考えることが必要だと気づくようになった。近現代分科会の世話人は三浦進さん、的確に議論をまとめる力に大きな魅力を感じた覚えがある。

初めて歴教協全国大会近現代分科会にレポート「自由民権運動とティーロード」をエントリーしたのは、一九九二年の福島会津若松大会だった。八九年の大阪大会、九〇年の岐阜大会、九一年の鹿児島大会時には、学校現場を離れ教職員組合の専従者となっていたため、参加することはかなわなかった。

私が自由民権運動に関心をもったのは、社会運動家である私の父が地元群馬県で仲間たちと歌っていたこの「群馬自由党の歌」からだった。

群馬自由党の歌

〽むかし思えば　アメリカの
独立したるも　ムシロ旗
ここらで血の雨流さねば
自由の土台はかたまらぬ

高橋磌一先生は『流行歌でつづる日本現代史』のなかで、自由民権期に流行った中江兆民作と伝えられる都都逸《どどいつ》「〽自主の主の字を解剖すれば　王の頭に釘を打つ」を紹介し、「明治政府の圧政にたえかねた民衆は、福沢諭吉や中江兆民などの自由民権思想の影響もあって自由民権運動に起ちあがりました」と解説する。幕末の「ええじゃないか運動」も含め、民衆のたたかいのあるところに、歌があると。

自由民権運動とティーロード

私が勤務する南山城地域（宇治市以南の市町村）が歴史教科書に登場するのは、藤原氏による摂関政治と山城国一揆である。一九八五年はちょうど山城国一揆五百年ということで、京都歴教協の大先輩である中津川敬朗先生が研究会を立ち上げており、古文書講読会に参加したことを思い出す。まったく歯が立たなかった。当時は担任する生徒のなかに農家の子どもたちもそれなりにいたので、地域の史料を発見しようと子どもの家の土蔵を開けてもらうこともあった。

レポート「自由民権運動とティーロード」は、養蚕とつながる関東の自由民権運動だけでなく、製茶とつながる京都府南部の自由民権運動の姿を明らかにしようと実践したレポートである。明治の外貨獲得のための生糸は輸出の第一位を占めたが、第二位はお茶（緑茶）だった。生糸の輸出港である横浜から欧米の思想が養蚕地帯に流入したように、お茶の輸出港である神戸からもキリスト教思想が南山城にダイレクトに入ってきた。今読むと、気合が先行するレポートで赤面するばかりだが、初めて『歴史地理教育』第四九五号（一九九二年一二月号）特集に執筆することになった。

成田龍一『歴史像を伝える――「歴史叙述」と「歴史実践」』（二〇二二、岩波新書シリーズ歴史総合を学ぶ②）には『歴史地理教育』第四九五号の特集ページの内容が紹介されている。転記してみよう。歴史総合の登場で歴教協の過去の実践に光が当たることとなったのである。タイトルからは民衆史研究の進展が実践に影響を与えていることがわかる。

『歴史地理教育』第四九五号（一九九二年一二月）「特集　躍動する幕末の民衆」

宮手毅「南部三閉伊一揆」／三浦進「明治維新と民衆」／小松克己「実践記録・高校　「米穀高直ニ付、我等共」―武州一揆」／寺沢茂「日本の「シルクロード」―武相の夜明けをつげるもの」／本庄豊「幕末・開港後の南山城民衆とティーロード」／岩根謙一「資料紹介　江戸時代の民衆」／坂本昇「『歴史地理教育』と「幕末の民衆」」

地域は歴史研究の宝庫

歴史の研究と実践を、地元で腰を据えてやろうとしていた私を鼓舞してくれた二冊の本がある。両書とも二〇〇一年に出版された。中学校の現場で非行問題に明け暮れる生活だったが、それはまた南山城の地域に根ざすことでもあった。

一冊は坂本昇さんが書いた『近代農村社会運動の群像　在野ヒューマニストの思想』（二〇〇一、日本経済評論社）である。近代社会運動史を研究しようと史料を集めていた私にとって、年若い坂本さんが本格的に第一次史料に基づく渋谷定輔と埼玉県の農民運動を明らかにした名著である。もう一冊は茶谷十六先生の『院内銀山の日々「門屋養安日記」の世界』（二〇〇一、秋田魁新報社）。茶谷先生はわらび座の演目に養安日記を入れるなど、その展開には目をむいた。

ちょうどその頃、京都歴教協の活動が停滞したことがきっかけで、友人の家長知史さんと相談し、家長さんが京都歴教協の財政全般、私が事務局長をやることを決意。二人で羽田純一さんに京都歴教協の会長就任を依頼することになった。京都歴教協再建のため、事務局長の任期制を導入、会計を事務局長が兼任することを禁止する規約案を作成し、臨時総会を開催して承認を得た。再建にあたって京都歴教協の会員が執筆者となる出版計画を立て、二〇〇三年に『女たちの京都　歴史をたずねて』（かもがわ出版）を刊行した。本の推薦者は京都にゆかりのある瀬戸内寂聴さんに依頼することになり、瀬戸内さんと親戚関係にある東京歴教協の富永信哉さんに依頼状を書いてもらい、寂庵を家長さんと訪ねた。瀬戸内さんは拍子抜けするほど、簡単に引き受けてくれた。富永さんのお父さんはうたごえ喫茶の出身で、当時のボーカルは上条恒彦だった。

『女たちの京都』編集作業のなかで親しくなった出版社の責任者に『歴史地理教育』に載った私の授業実践をいくつか読んでもらったところ、これらをまとめて一冊の本にするという構想が持ち上がり、二〇〇二年に『新ぼくらの太平洋戦争』（かもがわ出版・日本図書館協会選定図書）が出版された。

『新ぼくらの太平洋戦争』は歴史研究書ではないが、『近代農村社会運動の群像　在野ヒューマニストの思想』や『院内銀山の日々「門屋養安日記」の世界』など、第一次史料を元にした地域に根ざす歴教協らしい歴史研究のあり方を模索する出発点となった。その後に出版する『ポランの広場―瓦解した「宮沢賢治の理想郷」』（二〇〇七、かもがわ出版）、『テロルの時代～山宣暗殺者黒田保久二とその黒幕』（二〇〇九、群青社）『魯迅の愛した内山書店～上海雁ケ音茶館物語』（二〇一四、かもがわ出版）は南山城地域に眠る第一次史料を発掘して書いたものである。

根岸泉先生と安井俊夫先生

大学生のころ知り合った現職の中学校社会科教師がいる。糀谷明さん（当時東京都目黒区立第三中学校勤務）

である。糀谷さんはサングラスをかけ、Tシャツに下駄ばきで中学校で教えていた。目黒三中の宿直の仕事を私がしているときは、糀谷さんは同じ部屋に泊まって採点などをしていた。とにかく生徒に大変人気のある教師だった。タイプは違うがこんな教師になりたいと思った。私が中学校に赴任してからも糀谷さんとの交流は続いていたが、あるとき彼がこんなことを言った。

「歴教協全国大会委員長の根岸泉さんは、俺の中学時代の恩師だよ」

糀谷さんに根岸先生を紹介してもらい、以来大会ごとに根岸先生と言葉を交わす関係になった。根岸先生は自分がうつ病になったこと、病気を克服するため、時計のない島・口永良部島（鹿児島県）に毎年行くことなどを語ってくれた。

もう一つエピソードがある。安井俊夫先生から電話をもらったのは一九九〇年代のある夏の初めだった。

「歴教協で作っている中学教師向けの歴史の指導書なんだけど、第一次世界大戦から第二次世界大戦の部分を担当していた人の家が火事になり、原稿が全部灰になってしまった。それでそれを君に書いてほしいのだけども……」

「えっ、期限はいつまでですか」

「夏休み中でどう？」

「わかりました。やってみます」

二つ返事したのは、安井先生がよほど困って電話してきたのだということが伝わったからである。尊敬する人からの依頼は、もったいをつけずに躊躇せず引き受けることにしている。この夏はいま思い出しても、鬼のように原稿を書いたが、この背伸びが自分を鍛えてくれたと、安井先生にはとても感謝している。

四　地域に根を張る歴史の授業と研究

『おはなし歴史風土記・京都府』

京都歴教協事務局長の石田真一さんが現役教員時に亡くなり、石田さんの担当する『おはなし歴史風土記・京都府』（一九八六、岩崎書店）のなかの「山本宣治（愛称「山宣」）」を若輩者の私が書くことになった。山宣は治安維持法の死刑法への改悪に反対して、右翼のテロに倒れた労農党の代議士だが、性科学者として産児制限運動にたずさわっていたこともあり、非常に多面的で面白い人物だった。

山宣が育った家は宇治で料理旅館を営んでおり、そこには山宣資料館（非公開）もある。有力者の家だったこともあり、資料館には手つかずの第一次史料が眠っていた。佐々木敏二の研究書『山本宣治』上下（一九七四、汐文社）や西口克己の小説『山宣』（一九五九、中央公論社）、山本薩夫監督の映画『武器なき闘い』（一九六〇）もある。それらを参考にして、『おはなし歴史風土記・京都府』の原稿を書いて、歴教協編集委員会に送った。

しばらくして原稿に赤ペンがたくさん入って帰ってきた。「このままでは採用できません」という但し書きも添えられていた。私の原稿を担当したのは、北海道歴教協の山下國幸さん。山下さんからの許諾がおりるまで五回書き直した。このやりとりのなかで、独りよがりの原稿はだめ、読者（この場合は小学校高学年から中学）を想定して書かねばならないのだということを叩き込まれた。歴史研究は授業実践に裏打ちされた歴史叙述によって、はじめて広がりを持つのだということが身に染みた。非力な自分を何度恥じたことだろう。

『おはなし歴史風土記・京都府』の編集委員は、大江一道、奥西一夫、鈴木亮、高橋磌一、遠山茂樹、本多公栄、松島栄一、宮原武夫、山下國幸の各氏。京都の編集委員は、浅田和成、梶晴雄、河根久子、久保孝、多田孝敏、野村千代子、本庄豊、松山宏、森垣薫、挿絵は箕田源二郎とある。全員が私より年長者だった。

『世界と出会う日本の歴史』

一九九九年には、歴教協編で『世界と出会う日本の歴史』全六巻がほるぷ出版から出版された。編集者は岩本努、大石文子、鳥山孟郎、本間修一、物江郁夫となっている。執筆者のなかには、のちに中学公民分科会で世話人を一緒にやることになる魚次龍雄さんや平井敦子さんの名前がある。私はこの本のなかで、中学公民での授業実践を踏まえて、「学校が憲法が変わった」という章を担当、新制中学校の校歌のなかに憲法の精神が歌われていることを、娘と息子が通った地元の公立中学校の校歌をもとに書いている。

歴教協全国大会では「地域に根ざす」というスローガンがかかげられ、地域の掘り起こしをもとにした授業実践レポートがたくさんエントリーされていた。京都府南部と宇治市（南山城）に根を張ろうと決意したのもこの頃である。山宣研究を軸にしつつ、地域をさぐり授業に生かすというスタイルが確立されると、面白いように新しい史料が集って来た。

中学生の発言にも驚かされることが多かった。山宣の墓碑銘に「山宣ひとり孤塁を守る　だが私は淋しくない背後には大衆が支持してゐるから」という言葉が刻まれている。

書は山宣とともに闘った労農党委員長・大山郁夫。格調高いこの墓碑銘は生徒たちにも感銘を与える。授業後、いつも無口な男子生徒が話しかけてきた。

「先生、山宣さんは本当は淋しかったのではないですか？　国会でただ一人治安維持法の改悪に反対していたのだから……」

「国会では一人だったけど、自分の後には多くの人がいるんだと」とここまで言ってから、「ちょっと待ってくれない。もう少し調べてみるから」とその場を後にした。

治安維持法死刑法改悪時の国会の状況

「山宣は淋しかったのでは」という生徒の言葉から、当時の国会状況を調べなおした結果は次のようなものだった。

治安維持法改悪の緊急勅令は事後に帝国議会での承諾が必要となる。その案件として、一九二九年一月の第五六議会に提出された法案は政友会七人、民政党七人、新党クラブ二人、無産党一人からなる委員会で審議され、民政党の斉藤隆夫、内ケ崎作三郎、水谷長三郎（旧労農党解散後は労農大衆党を結成）が反対したが、政友会と新党クラブの妥協により、法案は委員会を僅差（九対八）で通過した。与党政友会内にも伊藤仁太郎ひとりが法案に反対したが、ようやく三月二日に衆議院本会議に上程された。政友会が賛成、民政党の斉藤隆夫が反対討論を行った。斉藤は日中戦争に反対、立憲主義を擁護する「反軍演説」（一九四〇）を行ったことでも著名な政治家である。斉藤の反対討論のとき傍聴席から治安維持法反対のビラがまかれたため、議場は騒然となり、採決は三月五日に延期された。

斉藤隆夫の反対討論は次のようなものだった。

「刑罰の目的は犯罪者を苦しめるにあらずして、犯罪者の身体を保護し、精神を教養し、犯罪者の人格を向上せしめて、以て一般の国民と共同の生活が出来るやうにする」「一度殺したならば、刑罰の目的といふ者は、全然達することが出来ないのであります」「国民の代表の承諾を得ずして、殺人法を制定するが如きは、政府として大いに警めなければならぬのであります」（内田博文『戦争と刑法　戦時治安法制のつくり方』二〇一五、みすず書房）。斉藤らの反対討論とは別に、山宣も反対演説を準備していた。だが、発言は封じられた。

三月五日、衆議院本会議では水谷長三郎が反対演説を行っている最中に、与党政友会から打ち切り動議が出され、採決の結果、二四九対一七〇で治安維持法事後承諾案が可決された。じつに、反対一七〇票だった。山宣は治安維持法そのものへの絶対反対の立場だったが、他の議員たちもまた程度の差はあれ、治安維持法が死刑法になることへの危険性を指摘し、反対したのである。

好戦的な論調で知られた「東京朝日新聞」の社説でも、「緊急勅令をもって人を死刑に処するということは、前代未聞、而して必ず絶後となるべきことである」と治安維持法の死刑法改悪の無謀さを説き、これに反対する論をはった（松尾洋『治安維持法～弾圧と抵抗の歴史』一九七一、新日本新書）。山宣は選挙戦では圧倒的多数の人びとの支持を得、議会でも一人で治安維持法改悪に反対していたのではなかった。

地域に根を張る歴史研究と授業実践

歴教協らしい歴史研究のあり方について考えるとき、先輩たちから言われた、一・地域に根ざしていること（地域）、二・授業実践でためされていること（授業）、三・現代の課題と向き合っていること（運動）、「地域・授業・運動」論を思い出す。京都府北部地域で活動する歴教協会員（吉田武彦さん、梶原秀明さん等）に接していると、「地域に根ざす」というより「地域に根を張る」といった方がふさわしいほど、地元に密着して研究と授業、運動を続けている。地元の保守系の方がたともパイプがあるので、実践のスケールがとてつもなく大きい。

私の地元・宇治でも意外なところから史料が見つかることがあった。宇治市槇島町には槇島城がある。この城は一五七三年、足利義昭が織田信長に対抗して兵をあげ敗れた場所である。槇島中学校に勤務している時、「槇島城顕彰会」の辻昌美さんという方が学校に訪ねて来られた。非行問題で大変な時期だったが、私が対応することになった。

「槇島城跡に記念碑を建てたいのですが、お手伝いいただけませんか？」

辻さんは丁寧な口調で話された。「はい、わかりました。社会科部会にはかりますが、その結果はどうあれ、私は必ず協力いたします」と即答した。荒れる学校だったので、頻繁には会議には行けなかったが、こうして槇島城顕彰会との関係ができた。

その後辻さんと偶然出会ったとき、「上海内山書店の店主・内山完造の妻、旧姓井上美喜の父は宇治の出身で、美喜の甥の方がいろいろな史料をお持ちですよ。紹介するので一度訪ねたらどうでしょうか」と言われた。内山書店は戦前の上海にあり、文豪魯迅や郭沫若など中国の文化人と佐藤春夫、谷崎潤一郎など日本の文豪との交流場所としてその名を知られている。上海や紹興の魯迅記念館内には内山書店が再現されているほど、中国では有名な書店だった。

さっそく宇治市小倉にある井上家を訪ねた。色は褪せていたが内山書店に集う人たちの写真が多数、内山完造から妻・美喜に宛てた手紙類、美喜の上海でのメモなどが整理されて置いてあった。新しい史料を発見すると「膝が震える」という体験をするが、まさにこの時がそうだった。約二年間史料を読み込み、三年目に地元紙に一年間連載後、『魯迅の愛した内山書店』(二〇一四、かもがわ出版)というタイトルで出版した。本のなかで、魯迅が愛飲していたお茶が、宇治の茶商・山政「小山園」の玉露雁ヶ音だと書いたことで、小山園との関係が出来上がり、東京神田にある「内山書店」が小山園と提携、期間限定で玉露雁ヶ音を発売するという展開になった。

山本宣治研究と教科書

山本宣治のことが中学校歴史教科書に載ったのは、日本書籍版とそれを受け継いだ日本書籍新社版である。兵庫歴教協の市川真一さんから声がかかり、山宣墓碑銘の拓本やその他の資料を提供した。たまたま日本書籍版を南山城地域が採択していたこともあり、地元の反響は大きかった。平等院と山城国一揆しかなかった南山城地域に新しい歴史の風が吹いたような興奮を覚えた。歴史教科書に何を書くのかは、私たち歴史教育者の大きな仕事なのだと感じ、身が引き締まった気がしたのである。

山宣の授業の導入に、戦前の労働歌や革命歌を使うことが何度かあった。これらの歌の元歌は旧制高校の校歌や寮歌であることが多く、作詞者も含めて知的エリート層が運動のリーダーだったことがわかる。山宣もまた宇治の高級料理旅館で一人息子として育ち、青年期にカナダへ渡り苦学した経験を持つが、その後東京帝国大学で動物学を専攻する気鋭の学者だった。国会議員となってからも性科学の研究を進め、三九歳で暗殺されるまで一九二〇年代を矢のように走り抜けた。彼はよくとおる声で、革命歌を歌ったと記録されている。

五　ブラジルからの招待状

ブラジルからの招待状

ちょうど二〇年前の二〇〇三年六月、須田稔さん（立命館大学名誉教授）を介して、NPO現代座（元「統一劇場」）代表・木村快さんからお手紙をいただいた。木村さんはサンパウロ州ミランドポリス郡アリアンサ村の矢崎正勝さんの協力を得て、ブラジル日本移民史を研究しており、手紙には「日本の歴史はすべて戦後の視点から書き直されているが、こと移住史については見直しはおろか全く無視されたままで日本史との接点も失われたままである」「歴教協の先生の書かれた本のなかには、『アリアンサ移住地が満蒙開拓のモデルとなった』という誤った記述もある」「歴史教科書問題はブラジル日系社会でも起こっている」などと書かれていた。私は歴教協本部（当時は渡辺賢二事務局長）にも相談しながら、木村さんに返事を書くことにした。

手紙はやがてメールに変わり、木村快さんと私とのやりとりにアリアンサの矢崎正勝さんが加わるようになった。ひと月ほど経ったとき、矢崎さんから「ブラジルに来て講演してもらえませんか」という連絡が入った。以前、日本における移民史の位置づけについて、大学の研究者に来てもらったが、日本語がむずかしくて二世、三世の日系人にはわからないので不評だったとのこと。公立中学の教員ならば、そうした心配は少ないのではというのが、招待状が私に届いた理由だった。少し悩んだが、夏休み中ならば時間をつくれるだろうと考え、引き受けることにした。

ブラジルと言えばサンバのリズムと「リオのカーニバル」が有名だが、調べてみるとカーニバルはブラジル全土でやられており、日系人たちもたくさん参加していた。日本移民が持ち込んだ盆踊りは、現在でも続いているということもわかった。

アリアンサでの講演と取材の日々

同年八月下旬、息子（18）を連れて日本を飛び立った私は、ニューヨークを経由しサンパウロの国際空港に着いた。二八時間のフライトだった。サンパウロで待ち構えていた矢崎正勝さんらとともに九時間高速バスに揺られ、ようやく内陸部のアリアンサにたどり着いた。宿泊地は矢崎さんたちの住む「弓場農場」で、創始者の弓場勇（兵庫県西宮市名塩出身）は養鶏をブラジルに根付かせた人であり、高速道路のインターチェンジに名前が残されるほどの著名人だった。

弓場農場は共同農場で二十数家族、約一〇〇人が共同生活を営んでいた。家は別々だが大きな食堂と大浴場（別名「弓場温泉」）は共用で、アラトロユバという大劇場を備えていた。男性は農場で果実や穀物を育て、女性は炊事・洗濯を受け持つ。夜は音楽や絵画など、自分のやりたい芸術活動を子どもたちともどもやっていた。なお、矢崎さんはバイオリンを製作する職人だった。大正期の「新しい村」のようだと感じた。

翌日私はアリアンサにある講堂で講演した。二〇〇人近い人たちが集ってくれた。付け焼刃のことを言ってもいずれ見抜かれるので、正直に「日本移民史を学びにきました」と前置きし、「日本では教科書にブラジル日本移民のことはほとんど載っていません」「戦前の日本の侵略戦争を美化する教科書が登場していますので、こちらの日本語学校でも気をつけてほしい」と語った。中学生に語りかけるような私の口調は聴いている皆さんに好評で、講演後質問に来る方が大勢おられた。講演先はアリアンサだけではなく、チエテ移住地やバウルー市など十数回に及んだ。講演の合間を縫って、日系人墓地や当時の建物、存命中の一世の方がたを取材した。泣きながら取材に応じてくれた高齢女性の手をとりながら、大変なところに来てしまったという思いと、これは日本に帰ってやることがたくさんあるというある種の決意を固めた。矢崎さんは私にこう語りかけた。

「この奥地まで来てくれる歴史研究者の方は皆無です。ブラジルでは足を運んでくれる人を信用します。日本の首相では小泉純一郎さん、橋本龍太郎さんがサンパウロまで来てくれました」

ニッケイ新聞社で記者会見

講演と取材を終えてサンパウロに戻った私を、矢崎正勝さんはニッケイ新聞社に連れていった。いきなりの記者会見である。深沢正雪記者（のち編集長）から矢継ぎ早に質問を受けた。アリアンサでの興奮冷めやらぬ私は、「日系人がこれだけ日本で増加している今、まずは学校で移民史を学ぶことが重要です。南米日本移民史を社会科教科書に載せる運動をやりますが、その前に歴史の専門誌で移住史特集を企画します」など、大風呂敷を広げてしまった。

記者会見の内容は、二〇〇三年九月四日付「ニッケイ新聞」で大きく報道された。私はこれを帰国後知ることになるが、結果的に見ればこの報道は、「後に引けない」という決意を固めるきっかけになった。

ニッケイ新聞　NIKKEY SHIMBUN　2003年 9月 4日（木曜日）

「南米移住史を教科書に」

京都歴史教育者協議会 本庄氏が来伯
専門誌に移住史特集

「移民の存在は、歴史教科書から抹殺されている状態です」と、京都府歴史教育者協議会事務局長の本庄豊さん（四九）は訴える。八月二十一日から二十七日までブラジルに滞在し、移民史予備調査のかたわらアリアンサ移住地で講演活動も行った。今月からは実際に中学校で試験的に移民史の授業も始める予定になっている。

「学校で学ぶことが重要」

現在の状況を「地理の教科書では、ブラジルのところにほんのちょっと、公民の教科書には外国人問題と一緒に少し移民の話。うちの息子も十二年間義務教育を学んできたが、今回一緒に来るまでは日系人のことは全然しらない状態でした」と説明する。

本庄さんは『新ぼくらの太平洋戦争』など約十五冊の自著・共著があり、平和教育、歴史教科書問題などの論者として知られている。

「南米移住史を教科書に載せるということは、移住政策に関わる日本政府の責任を明確にすることでもあります。例えば"棄民"という言葉一つとっても、使うべきだという人と、そうでない人がいる。その辺の話をもっとみなさんにお聞きしたい」と熱く語った。

京都府宇治市槇島中学校社会科教師をする本庄さんは、息子の晶人さん（一九）と共に二十一日に来伯、予備調査を兼ねてアリアンサ移住地で講演をしてきた。九月からは、実際に授業で移民史の勉強を教える予定だそう。

「日本の子どもには、なぜ日系の子どもたちが日本語をしゃべれないのか分からないし、なぜ日本に来ているのかも分からない。遅きに失したとはいえ、今からでも教科書に載せて、南米の移住史を学校で学ぶことが重要ではないかと思います」

今回調査した内容は、歴史教育者協議会が編纂する社会科教師の専門月刊誌『歴史・地理教育』にも「南米移民史特集」という形で掲載される予定だそう。「まず社会科教師が変わることで、徐々にそれが広がるのでは」と考えている。

「問題は、日本にも移民史の専門家がいないことです。文化人類学やデカセギ研究者はいるが、南米移住史研究者がいない。だからアリアンサの歴史認識に関する誤解もうまれた」と指摘する。

本紙上では、現代屋の木村快さんや弓場農場の矢崎正勝さんらの投稿でおなじみの問題。アリアンサ移住地について事実と違う歴史が書かれている『長野県の歴史』を出版する山川出版や、『満蒙開拓青少年義勇軍と信濃教育会』の大月書店とも連絡をとった。「訂正を含めて、検討作業に入っている」との返答をもらっているという。

八月二十七日晩、本庄さんは帰国したが、来年再び調査に訪れる予定だという。

「もっとみなさんに意見をお聞きしたい」と語る本庄豊さん

「ニッケイ新聞」が大きく報道した

ミステリー小説『パウリスタの風』

二学期が始まり忙しいなかではあったが、とにかく動き出さねばならない。最初にやった運動は、歴教協公民分科会世話人を中心に呼びかけ人を募り、教科書会社宛に「移民史を教科書に掲載してほしい」という内容の要望書を作成し、これを新聞社にも送付したことである。北海道の平井敦子さん、岐阜の魚次龍雄さん、大阪の平井美津子さんらが呼びかけ人になることに賛同してくれた。「産経新聞」から取材依頼が入り、半分の紙面を使って大きく扱ってくれた。この時、移民史が「日本人すごいぞ」という道徳的歴史に利用されるのではないかという危惧を抱いた。

実践では、二〇〇三〜四年にかけて中学地理と歴史、公民で移民史の授業をおこなった。チリでは南米のところで、歴史では近代から現代で、公民では多文化共生のテーマ学習として実践。京都歴教協や歴教協近畿ブロック集会、歴教協全国大会で報告した。

同じ時期にブラジル日本移民史の本を書かねばと考え、『アリアンサに生きた日系人―ブラジル日本移民史を学ぶ』という原稿を一年かけて書きあげ、歴教協本部の紹介状も添えて知り合いの出版社に送付した。京都のかもがわ出版と岩波ジュニア新書からは検討するという回答があったが、最終的には「営業の問題」ということで断られた。途方に暮れていたとき、歴教協の友人から半分冗談で「小説にして文学賞に応募したらどうか」というアドバイスを受け、移民の原稿をもとにミステリー小説『パウリスタの風』を書いたところ文学賞を受賞し、本として出版することができたのはラッキーだった。

「移民」「移住」「外国人労働者」

二〇〇八年四月二八日、神戸市で開催された式典の名前は「ブラジル移住百年とブラジル日本交流年を祝う記念式典」。一方、ブラジルのサンパウロを中心に企画された式典の主催者は「日本移民百周年記念協会」。日本側が「ブラジル移住」といい、ブラジル（日系社会）側が「日本移民」と呼ぶ。これはたんなる言葉の問題ではない。「移民」には「棄民」というイメージがつきまとう。それをさける方便として、日本政府は世界各地に移民した人々を「移住者」と呼ぶ。

一方、日本に移民する日系人に対しては、「外国人労働者」という呼称を日本政府は使用する。これは日本が、公式には移民を受け入れていない国家であるという声明でもある。日系人以外の単純労働者を、日本は建前として受け入れないことになっている。

「自己の職業活動を、移住先の社会そのもののなかで実現しているかどうかが、移民とそれ以外の居住者をわける目安」＊だ。だから三、四年で帰国しても、農園や工場などできちんと働いていればそれは移民だといえる。逆に、「母国」に帰ってくる留学生や、商社などの会社から派遣された労働者、外国に駐留する兵士たちは移民ではない。表面的には「留学生」を名乗っているが実質的には労働者、つまり移民である例もある。カナダに五年いた山本宣治も移民の一人だった。

＊岡部牧夫『日本史リブレット56・海を渡った日本人』（二〇〇二、山川出版社）

二〇年がかりでようやく進む

二〇二二年三月八日付「ブラジル日報」（旧ニッケイ新

聞）で深沢正雪記者は、こう書いている。概略を紹介しておこう。

日本国外務省からの連絡により、日本の中学校で現在使用されている令和3（2021）年度版の地理教科書には、全て日系人に関する記述がみられることが分かった。

県連日本祭り、サンパウロ七夕祭りの写真が日本の教科書に軒並み掲載されているという事実は、主催者であるブラジル日本都道府県人会連合会やリベルダーデ文化福祉協会（ACAL）にとっても素晴らしいことに違いない。

《日本の教科書にブラジル日本移民の記述を》という記事が出始めたのが、2003年9月4日付ニッケイ新聞だからだ。

当時、京都府宇治市槇島中学社会科教師をしていた本庄豊さんがブラジル調査に訪れた際、「地理の教科書では、ブラジルのところにほんのちょっと、公民の教科書には外国人問題と一緒に少し移民の話がある程度」との現状を述べた後、「移民の存在は、歴史教科書から抹殺されている状態です」と憤慨していたのを覚えている。

本庄さんは京都歴史教育者協議会事務局長だったので、同協議会が編纂する社会科教師の専門月刊誌『歴史地理教育』04年9月号に特集「近現代史の中のブラジル移住・移民」を組んだ。102ページ中の33ページを特集に割くという力の入れようだ。

六　幸徳秋水の真筆

「踏み絵事件」報道

「平成の世に〝隠れキリシタン狩り?〟」

一九九四年一一月中旬、スポーツ紙にセンセーショナルな見出しが躍った。前日までに主要日刊紙とワイドショーでもとり上げられた。

一二月七日、京都の地元紙に保護者の長い投書が載った。一部を抜粋しよう。

「私は中学二年生男子の父親です。一一月一六日日付の報道で取り上げられた同校社会科の『踏み絵体験学習』事件なるものについての事実と私の意見を述べたいと思います。

……息子のクラスのその時の授業の一部を紹介しますと、『これから隠れキリシタンの心境になって踏み絵を体験してもらいます。まず皆さんは熱心なキリスト教信徒です』『今からこの悪代官が踏み絵をさせる。踏まなかった者は水牢に入れて処刑する。踏み絵をした者は仏教徒に改宗させる』という設定で行われました。……この体験授業が開始されると……生徒たちは皆、真剣にキリシタン役になりきって、先生のやり方に対して非難することはなかったそうです。

この『体験授業』はけっして突然に軽率に行ったのではなく、生徒たちに誤解や偏見や意地悪い遊びと取られないように、かなりの準備を行い、注意深く授業を進めておられたようです。

これが非人間的な授業でしょうか。『踏み絵』を踏んだ者も踏まなかった者も、心の痛みは身体を傷つけられることよりも怖いものだということが疑似体験を通して判ったのではないでしょうか。残酷というなら、歴史自体が残酷だったのであり、それを避けて通る教育こそ、心の痛みも判らない、つまらない人間を作り出すことになるのではないでしょうか」

授業を行ったのは私である。連日の報道で心身が疲れ果てたが、学校を休むことはなかった。生徒や保護者が毎日激励してくれたからだ。職場でも同僚に支えていただいた。京都歴教協合宿が一二月初めにあり、井口和起会長（当時）、家長知史さん、後藤貴三恵さん、赤坂仁さんたちから温かい声をかけていただいたのを思い出す。歴教協石山久男事務局長からは、激励文の入った著書が送られてきた。崩れそうになる私の「人格」を支えてくれたのは、生徒と保護者、職場、そして歴教協の仲間だった。踏み絵授業については、九五年夏の歴教協全国大会中学校分科会で報告、『歴史地理教育』にも掲載されることになる。

九四年一二月中旬、「読売新聞」が事件の一方的報道について謝罪するために自宅までやってきた。「京都新聞」は来校して謝ってくれた。「朝日新聞」、「毎日新聞」、民放各社からは何もなかった。ＮＨＫと「赤旗」、「産経」は報道すらしなかった。この授業の評価については、いろいろとあるだろうが、事実をろくに調べもせずに報道したマスコミに対し失望するとともに、その影響力のすごさに驚かされた。高い代金を払ったが、マスコミとの付き合い方（情報を共有することの大切さ）を学んだ。

幸徳秋水の真筆

二〇一三年六月二二日付の「京都新聞」夕刊に、「幸徳秋水筆の漢詩発見」の記事が掲載された。新聞社に来校してもらい取材を受けた。「発見」はその年の初めだったが、漢詩の解読に時間がかかったので、半年後の新聞掲載になった。

幸徳秋水はずっと気になっていた思想家・革命家だった。それは群馬県立前橋高校一年生のとき読んだ『橋のない川』全四巻（一九六七、新潮社）のなかで、「〽幸徳秋水名は伝次郎」という歌が紹介されていたからだ。著者・住井すゑの筆力もあり、主人公である大正期の少年たちと同様、私の脳裏にも「幸徳伝次郎（秋水）」という名が刻まれたのである。

新聞社が学校に来て取材を受ける……。公立学校ではなかなかハードルが高い。数年前に私学の立命館宇治中高に転職したため、比較的スムーズに取材を受けることができた。当時のチャールズ・フォックス学校長（米国籍、小笠原アメリカ移民史の研究者）も大変関心を持ってくれた。それは、一九〇五年日本での迫害を逃れサンフランシスコに渡航した幸徳秋水が、アメリカの無政府主義者・アルバート・ジョンソンに宛てた漢詩だったからである。

発見先は元同志社大学総長・住谷悦治旧宅だった。住谷先生と私は前橋高校（戦前は前橋中学）の同窓生で、同じ同窓生である大阪歴教協の萩原俊彦さんの紹介を受け住谷旧宅に出入りするようになっていた。

幸徳秋水は平民社サンフランシスコ支部の日本移民や、現地の無政府主義者と交流するなかで共産主義から無政府主義へと思想を変えていく。渡航の翌年サンフラシスコ大地震に遭遇した幸徳は、震災中助け合うアメリカの人々に接し、人民が共同する未来社会への希望を抱き、自分たちを弾圧する国家の存在に疑問を抱くようになる。なお幸徳の『帝国主義論』（一九〇一）はレーニンよりも早く、戦争と不可分の資本主義の凶暴さを暴いた名著である。

二〇一八年三月、私は平井美津子さん、渡部結さん、中村正男さんらとサンフランシスコ市を訪問する。平井さんたち大阪組の目的はサンフランシスコ市が建設した「少女像」の取材だった（少女像建設に抗議した大阪市はサンフランシスコ市との姉妹都市提携を一方的に破棄した）が、私は幸徳秋水のサンフランシスコでの足跡を追いかける旅だった。幸徳については、その後『「明治150年」に学んではいけないこと』（二〇一八、日本機関紙出版セン

第47179号 京都新聞（夕刊） 2013年（平成25年）6月22日 土曜日 （日刊）

京都新聞 夕刊

幸徳秋水筆の漢詩発見

米無政府主義者宛て「世界のみんなが兄弟」

左京の住宅、教諭が確認

社会主義運動の貴重資料

「幸徳秋水筆の漢詩発見」の記事が掲載された京都新聞

ター）のなかの主人公とした。幸徳の漢詩は紆余曲折の末、四万十市立幸徳秋水祈念館に寄贈され、今は誰でも見ることができる。寄贈のいきさつは高知新聞が掲載してくれた。

こうしてメディアとの付き合い方は、ずいぶんと上手になった。

大正デモクラシー研究

長年大正デモクラシー期を研究してきて思うことは、民主主義や民意のやっかいさである。民主主義は民衆の政治参加であり選挙によって民意が示されるのであるが、民衆に「選択」の情報を与えるメディアが正確でなければ、民意はゆがんだ形で政治に反映される。治安維持法はメディア規制の面もあったことをわすれてはならない。これは現在でもいえることで、ポピュリズムの台頭は民主主義の危機という側面で語られることになった。その結果、「あきらめの民主主義」という低投票率社会になり、私たちの税金が特定の勢力伸長のための財源となるなど、政治が恣意的に利用される事態になってしまった。

二〇二五年は、治安維持法と男子普通選挙法一〇〇年である。改めて権力とメディア、民主主義について考える機会としたい。そのためには歴教協らしく、歴史に学ぶことを大切にしていきたいものである。まずは大正デモクラシー研究を、地域から深めたいと考えている。

京都ガイドブックの出版

　京都歴教協は観光地京都にあるため、観光ガイドブックの編集を継続的に行ってきた。最初に出版されたのは『わたしたちの京都案内　歴史をたずねて』（一九八八、かもがわ出版）である。その後も『女たちの京都　歴史をたずねて』（二〇〇三、同）、『京都新発見　史跡をたずねて』（二〇〇四、同）などが続いた。そのなかで、若手の竹山幸男さんや後藤貴三恵さんらに編集部に加わってもらい、次世代への継承を目ざした。また、フィールドワークに強い早川幸生さんや羽田純一さん、編集能力の高い家長知史さんらがイニシアティブを発揮してくれた。平井美津子さんと私との共著『観光コースでない京都』（二〇一三、高文研）は、こうした京都歴教協の取り組みの延長線上にある。

　『観光コースでない京都』の「まえがき」は自分で言うのも変だが、じつに歴教協らしい文章になっている。引用しておこう。

　「近代京都、現代京都を紹介していくことである。古都京都と呼ばれている景観が、実は近代京都の産物であったことは意外と知られていない。天皇の都だった京都は幕末に血なまぐさい政治の舞台として『復活』するが、その後近代天皇制確立期に都市として整備されていくことになる。平安神宮や時代祭など古都の『伝統』のルーツが近代にあったことを、読者の皆さんはどう受け止めるだろうか」

　フィールドワークに強いという点で言えば、東京歴教協の東海林次男さんと三重歴教協の岩脇彰さん、京都歴教協の磯崎三郎さんのことが忘れられない。東海林さんは靖国神社のガイドで有名だし、岩脇さんは三重の戦争遺跡や「青い目の人形」の研究を長年続けている。磯崎さんは戦争遺跡研究者・故池田一郎さんや故福林徹さんの業績を引継いだ人である。東京の東海林さん、三重の岩脇さん、大阪の平井さん、広島の辻隆広さんと是恒高志さん、そして京都の磯崎さんたちと数年間かかり合宿を繰り返してつくったのが、小学生高学年から中学生むけのビジュアル本・『シリーズ戦争遺跡』全五巻（二〇一〇、汐文社）や『平和を考える戦争遺物』全五巻（二〇一五、同）である。いまのようにリモート会議がない時代、出版社に合宿経費を出してもらいながら、子ども向けの戦争遺跡・戦争遺物ガイドを出版できたのは、歴教協が全国組織だったからである。汐文社の戦争シリーズ本はその後、『シリーズ 戦争孤児』全五巻（二〇一五、福岡歴教協の斎藤勝明さんが協力）、『ビジュアル版近代日本移民の歴史』全四巻（二〇一七、和歌山歴教協の田城賢司さんが参加）へとつながっていった。

七　戦争孤児研究へ

『まるごと公民』『まるごと歴史』

二〇〇九年の秋ごろだったと記憶している。京都歴教協の羽田純一さんに「若手教員用の授業プリント集をつくらないか」と声をかけられた。京都市に喜楽研という小学校教員向けの授業プリント集を出版しているがあり、同社の『まるごと算数シリーズ』はベストセラーになっていた。

「交通費と駐車場代は支給されるので、近畿圏内ならだれを誘ってもいいけど、本庄君を入れて三人までにしてほしい。心配なら監修はぼくがやるから」と羽田さん。

二人で相談し、授業方法分科会世話人の岩本賢治さん（兵庫歴教協）と、汐文社の戦争シリーズでタッグを組んだ平井美津子さん（大阪歴教協）にお願いすることにした。岩本さんは前年の歴教協神戸大会の実務面の責任者を務め疲労もあったと思われたが、思い切って依頼した。岩本さんは快諾、遠くから高速道路を飛ばし毎月京都に来ていただくことになった。

こうして『まるごと社会科中学・公民』の編集作業が始まった。始まってみて驚いた。会議がもめるのである。お互いの授業スタイルが違うので、プリントの作り方もまちまち。レイアウトもバラバラ。羽田さんがアドバイスし、心配した喜楽研社長の原田善造さんが時々編集会議に顔を見せるたりするなど、荒波のなかの出航となった。

『まるごと社会科中学・公民』には専門のイラストレーターがつき、写真など許諾のいるものはすべてイラスト化していった。何年かかるかと思われた編集作業だったが、岩本さんのリーダーシップ、平井さんの頑張り、そして私ののんびりムードがだんだん調和するようになっていったのは面白かった。波長の合った三人は、羽田純一監修のもと『まるごと中学社会科・公民』上下（二〇〇九）に続き、『まるごと社会科中学・歴史』上下（二〇一一）を仕上げていく。

小出隆司「子どもたちを教材の主役に」

「山本宣治や大正デモクラシーの研究もいいけど、もっと子どもたちを教材の主役にできないか。君の研究は難しいゾ〜ウ！」。私をからかったのは（ご本人は本気だったかもしれない）、「ぞうれっしゃがやってきた」の絵本や実践で知られる、愛知歴教協の小出隆司先生である。小出先生の指摘は、『まるごと社会科中学・公民』『まるごと社会科中学・歴史』で仕事をした岩本賢治さんや平井美津子さんからも言われていたことである。歴史の研究と歴史の実践が有機的に結合していないという私の欠点には自分も気づくようになっていた。

前回書いた幸徳秋水の真筆の発見先、同志社総長住谷悦治邸には住谷が東大時代に吉野作造の授業を受けた時のノート、文芸春秋特派員としてナチス政権下のドイツやオランダを訪問したときに集めたパンフやチラシ、住谷がつけていた日記など、貴重な史料が眠っていた。これらの史料の大半は住谷の故郷である群馬県立図書館に寄贈されていたが、住谷の書斎にはまださまざまな史料が保管されていた。それらを見ていく中で、住谷の著書を製本していた「積慶園」（京都市）という施設のことを知った。積慶園は京都市内にある児童養護施設であり、私の担任した子どもが小学校時代を過ごした場所でもあった。

京都市内に出張に行った帰り、積慶園を訪ねる気持ちになったのは、今から思えば小出隆司先生の「君の研究は難しいゾ〜ウ！」の言葉が耳に残っていたからだろう。こうして、のちに「空き缶コップを持つ少年」と名付けた一枚の写真を積慶園で発見する。この写真と住谷邸で見つけた「幸徳秋水の真筆」は実は同じ日だった。「難しい研究に夢中」だった私は幸徳の漢詩の解読にのめり込んでいくが、まさかこの写真が全国紙に紹介され、NHKスペシャルにも取り上げられるようになるとは当時は思いもよらなかった。

「せんそうこじぞう」建設へ

戦争孤児の方がた証言を掘り起こし、授業で扱うようになると、生徒たちの授業への喰いつき方が変わってくる。授業の導入に宮城まり子の「ガード下の靴磨き」（作詞・

宮川哲夫、作曲・利根一郎）を歌ったこともある。この歌は敗戦後の日本で親を失った子どもが「浮浪児」と呼ばれた時代の歌である。アジア太平洋戦争は今の中学生には、私たちが明治維新を学ぶくらいの時間差がある。どうしても当事者性に乏しくなるのだ。けれど、中学生と同世代の子どもたちが教材になると、わがことのように受け止める生徒が増えてくる。これは大きな発見だった。

京都市伏見区にあった伏見寮という公立の孤児院を調べる過程は授業で公開し、生徒たちに調査への参加を促した。伏見寮の孤児の遺骨や遺髪が大善院（京都市下京区）に奉られていることがわかり、寺の前に「せんそうこじぞう」建設の機運が高まった。石像のデザインは高校生になった女子生徒にお願いした。除幕式には元戦争孤児の方がたが参列、テレビや新聞で大きく報じられた。戦争孤児研究と「せんそうこじぞう」建設運動、授業実践がかみ合い回り出したことを実感した時期である。

戦争孤児の戦後史研究会

勤務する学校に突然、浅井春夫さん（当時は立教大学教授）が訪ねて来た。放課後のことだった。浅井さんは性教育の研究者で、その頃は沖縄戦の孤児について研究しているのは知っていたが、一面識もない私のところに来るというので驚いた。何を話したのかはよく覚えていないが、戦争孤児に関する研究会を立ち上げたいので協力してほしいと言われた。

なぜか意気投合し伏見で夕食を食べることになった。大阪の平井美津子さんを電話で誘うと二つ返事で快諾。浅井さんが東京行きの新幹線に間に合う程度に三人で交流した。その場で沖縄戦の研究者である川満彰さん、元松山東雲短期大学教授の水野喜代志さんにも声をかけることを決め、第一回目の研究会を「せんそうこじぞう」のある京都の大善院で開催することにした。歴史研究者と福祉研究者がコラボしたこの研究会は全国を数年かけて回り、その成果は『戦争孤児たちの戦後史』全三巻（二〇二〇〜二一、吉川弘文館）にまとめることになる。

後年、浅井さんに「なぜ私に声をかけたのですか？」と聞いたことがある。浅井さんの言葉はシンプルだった。「人生で出会う人には、いい人とそうでない人がいる。それは直感でわかる。あなたはいい人みたいなので、研究会を立ち上げ研究書まで出せたのかもしれないね」。耳を疑ったが、その後にこう思った。――こんな直感で研究を広げる人もいるのだ……。浅井さんは二〇二三年の全国教研では統一教会問題について記念講演するなど、研究領域をますます広げていく。

学童疎開研究を受け継ぐ

愛知の安井俊夫先生が学童疎開問題を調査し、それを歴史教科書に掲載していることは知っていた。歴教協全国大会で安井先生の報告を聞いたとき、自分は学童疎開という用語は知っていたが、その具体的な様子は何も知らなかったことを痛切に感じた。安井先生は、「疎開の時にもっていくフトンはどうしたのか?」という問いから、当時の子どもたちがフトンを共有していた実態を明らかにし、学童疎開における格差にも気づかせる教材の展開を示された。歴教協らしい歴史へのアプローチに心を動かされた。

戦争孤児となった原因の一番は学童疎開である。戦後になり疎開先から都市に戻ったら家が焼かれ、親もいなくなっていたという証言をよく聞いた。戦争孤児と国策として推進された学童疎開は、メダルの裏と表の関係にあったのだ。歴教協らしい研究の方法を安井先生から学んだ。

戦争孤児についての第一次史料を求めて

私自身の研究スタイルは、「地域を掘り起こす」ことである。戦争孤児研究も宇治市内の元戦争孤児の方の証言をもとに、伏見区にあった伏見寮の存在を知り、伏見寮の名簿から新たな証言者を求めるというやり方だった。研究した内容はできるだけ授業に還元した。元孤児の方を授業に招き、直接中学生に話してもらったこともある。

それでも京都関係の戦争孤児第一次史料は圧倒的に少なかった。茶谷十六先生や坂本昇さんのように、豊富な史料を元にした研究ができないかを模索する日々が続いた。ある時(京都に隣接する府県にアプローチしてみようか)という考えが浮かんだ。この考えはしばらく沈殿していたが、結果的にこれが近江学園(滋賀県)と東光学園(大阪府堺市)の倉庫に眠る、膨大な戦争孤児関係資料の発見につながっていく。それらの発見は、『戦争孤児資料集成(関西編)』全八巻(二〇二三、不二出版)や『児童福祉の戦後史』(同年、吉川弘文館)にまとめた。この頃から、自分の歴史研究の分野が戦前の社会運動史から戦後社会運動史へと移行していく。それでも研究したことは、必ず学生・生徒に提示するようにした。歴教協らしい研究スタイルの模索でもあった。

「空き缶コップを持つ少年」

おわりに〜戦後史は未解明のことばかり

山本宣治をはじめとする大正期社会運動史やブラジル日本移民史研究をやってきた私が、本格的に戦後史研究へと移行するきっかけが戦争孤児研究だったことについてはすでに述べたとおりである。

戦争孤児研究に一区切りつけ、戦後史研究のテーマに選んだのが「流通革命」だった。京都府南部にはタカラブネという一時日本一の店舗数をほこった菓子チェーン店の本社工場があり、その経営陣には六〇年安保闘争をたたかった左翼学生あがりが多かった。タカラブネは倒産したが、労働組合の第一級資料はすべて残っていたのを確認した時は小躍りして喜んだ。これらについては、『ケーキと革命〜タカラブネの時代とその後』（二〇二三、あけび書房）にまとめた。

現在も全国で行われている「平和行進」を一九五八年にたった一人で始めた、日本山妙法寺僧侶・西本あつしの伝記『西本あつし　平和行進をはじめた男』（二〇二三、群青社）を書いたのも戦後史研究の一つだった。今までも戦後史については、『ポランの広場—瓦解した「宮沢賢治の理想郷」』（二〇〇七、かもがわ出版）や『なつよ、明日を切り拓け　連続テレビ小説「なつぞら」が伝えたかったこと』（二〇一九、群青社）にまとめてきたが、意識的に戦後史を追いかけたものではなく、ときどきの課題に向き合うなかで書いたものだった。なお、前者は戦後教育史、後者は戦後アニメ史を含む内容となっている。

戦後史は未解明のことだらけである。すでに明治維新から敗戦までよりも、戦後史の方が長くなってしまった。この長期の歴史研究の空白を、少しでも埋めたいと考えている。それは戦後史を生き歴史と向き合ってきた自分自身を再発見することかもしれない。

【参考・引用文献】

『世界文学全集34　ベラミ（モーパッサン）　ナナ（ゾラ）』（一九六一、河出書房新社）
原太郎『日本の歌をもとめて』（一九六一、未来社）
高橋磌一『流行歌でつづる日本現代史』（一九六九、新日本出版社）
斎藤憐『黄昏のボードビル』（一九八〇、而立書房）
『別冊一億人の昭和史　日本のジャズ』（一九八二、毎日新聞社）
吉田一博『ベラミ伝説』（一九九一、データハウス）
立命館大学産業社会学部鈴木良ゼミナール『占領下の京都』（一九九一、文理閣）
軍司貞則『ナベプロ帝国の興亡』（一九九五、文春文庫）
佐野眞一『カリスマ　中内切とダイエーの「戦後」』（一九九七、日経BP出版センター）
斯波司・青山栄『やくざ映画とその時代』（一九九八、ちくま新書）
『抱えきれない夢―渡辺プログループ四〇年史』（一九九九、渡辺音楽文化フォーラム）
奥村チヨ『幸福の木の花』（二〇〇四、講談社文庫）
猪野健治『興行師の顔役』（二〇〇四、ちくま文庫）
マイク・モラスキー『戦後日本のジャズ文化　映画・文学・アングラ』（二〇〇五、草土社）
東谷護『進駐軍クラブから歌謡曲へ　戦後日本ポピュラー音楽の黎明期』（二〇〇五、みすず書房）
岡田京子・他『奇跡の歌手・横山茂――わらび座を創った男の物語』（二〇〇五、あけび書房）
布袋寅泰『秘密』（二〇〇六、幻冬舎）

榎本泰子『上海オーケストラ物語　西洋人音楽家たちの夢』（二〇〇六、春秋社）
山本一力他『ぼくらが惚れた時代小説』（二〇〇七、朝日新書）
松下治夫『芸能王国渡辺プロの真実ー渡辺晋との軌跡』（二〇〇七、青志社）
クレール・フレーシュ他『ロートレック　世紀末の闇を照らす』千足伸行監修・山田美明訳（二〇〇七、創元社）
児玉清・縄田一男・山本一力『ぼくらが惚れた時代小説』（二〇〇七、朝日選書）
山平重樹『実録　神戸芸能社　山口組・田岡一雄三代目と戦後芸能界』（二〇〇九、双葉社）
石井妙子『おそめ　伝説の銀座マダム』（二〇〇九、新潮文庫）
なかにし礼『歌謡曲から「昭和」を読む』（二〇一一、NHK出版新書）
中野正昭『ムーラン・ルージュ新宿座―軽演劇の昭和小史』（二〇一一、森話社）
相倉久人『至高の日本ジャズ全史』（二〇一二、集英社新書）
ミッキー・カーチス『おれと戦争と音楽と』（二〇一二、亜紀書房）
青木深『めぐりあうものたちの群像―戦後日本の米軍基地と音楽1945―1958』（二〇一三、大月書店）立命館大学図書館蔵書
菊池清磨『評伝　服部良一　日本のジャズ&ポップス史』（二〇一三、渓流社）
なかにし礼『天皇と日本国憲法　反戦と抵抗のための文化論』（二〇一四、毎日新聞社）
春日太一『なぜ時代劇は滅びるのか』（二〇一四、新潮新書）
田岡由紀伎『お父さんの石けん箱』（二〇一五、ちくま文庫）
田岡一雄『完本山口組三代目　田岡一雄自伝』（二〇一五、徳間文庫カレッジ）

【参考・引用文献】

二至村菁『米軍医の見た占領下京都の600日』（二〇一五、藤原書店）
山田奨治『東京ブギウギと鈴木大拙』（二〇一五、人文書院）
『ジャズ批評』一八八号（二〇一五、一一月号）
本庄豊『戦争孤児「駅の子」たちの思い』（二〇一六、新日本出版社）
阿部純一郎「『オフリミッツ』の境界—衛生・観光・諜報」（二〇一七、椙山女学園大学文化情報学部紀要・第17巻）
西川祐子『古都の占領　生活史からみる京都　1945－1952』（二〇一七、平凡社）
高橋正志『うたごえは生きる力　いのち　平和　たたかい　うたごえ70年の歩み』（二〇一八、音楽センター）
刑部芳則『古関裕而—流行作曲家と激動の昭和』（二〇一九、中公新書）
本庄豊『なつよ、明日を切り拓け　連続テレビ小説「なつぞら」が伝えたかったこと』（二〇一九、群青社）
タラ・ザーラ著・岩下誠、江口布由子訳『失われた子どもたち—第二次世界大戦後のヨーロッパの家族再建』（二〇一九、みすず書房）
スーザン・L・カラザース（小滝陽訳）『良い占領？第二次大戦後の日独で米兵は何をしたか』（二〇一九、人文書院）
平井美津子・本庄豊編『戦争孤児たちの戦後史2西日本編』（二〇二〇、吉川弘文館）
山平重樹『実録 赤坂「ニューラテンクォーター」物語』（二〇二〇、双葉社）
『NHKドラマ・ガイド連続テレビ小説　カムカムエヴリバディ part1』（二〇二一、NHK出版）
菅原正二『ジャズ喫茶「ベイシー」の選択　ぼくとジムランの酒とバラの日々』（二〇〇一、講談社α文庫）
『NHKドラマ・ガイド連続テレビ小説　カムカムエヴリバディ part2』（二〇二二、NHK出版）
藤井誠二『誰も書かなかった玉城デニーの青春—もう一つの沖縄戦後史』（二〇二二、光文社）

本庄豊・平井美津子『観光コースでない京都』(二〇二二、高文研)
本庄豊他編『事典　太平洋戦争と子どもたち』(二〇二二、吉川弘文館)
本庄豊『児童福祉の戦後史　孤児院から児童養護施設へ』(二〇二三、吉川弘文館)
生明敏雄『シャンソンと日本人』(二〇二三、集英社新書)
輪島裕介『昭和ブギウギ　笠置シヅ子と服部良一のリズム音曲』(二〇二三、NHK出版)
本庄豊『ケーキと革命～タカラブネの時代とその後』(二〇二三、あけび書房)
祇園甲部組合「ぎおん」No.255(二〇二三、秋季号)
『関鑑子の夢を訪ねて　未来のあしあと』(二〇二三、音楽センター)

【参考・引用資料】※京都音楽センター所蔵
「KPJO　NEWS」1～57号(一九八七年一二月～九六年一二月)
「KPJO短信」vol.1～8(一九八五年一一月七日～八六年一月一三日)
KPJO後援会機関紙「スイングクラブニュース」創刊号、第七～二五号(一九九〇年一〇月～九一年一〇月)
『うたごえ新聞』第1085号(一九八五年一一月二五日・一二月二日)

【ま】

【み】

【む】

【め】

【も】

【や】

【ゆ】

【よ】

【ら】

【へ】

【ほ】

【と】

【な】

【に】

【せ】

【そ】

【た】

【ち】

【て】

【す】

【さ】

【し】

【か】

【き】

事項索引

【ゆ】

【よ】

【り】

【る】

【れ】

【ろ】

【わ】

【K】

【ね】

【の】

【は】

【ひ】

【ふ】

【へ】

【し】

【す】

【せ】

【そ】

【た】

【か】

【き】

【く】

【こ】

【さ】

人名索引

【著者紹介】

本庄　豊（ほんじょう ゆたか）

専門研究分野は近現代日本社会運動史、戦後社会史。1954年、群馬県碓氷郡松井田町（現：安中市）に生まれる。県立前橋高等学校を経て、東京都立大学卒。国家公務員、地方公務員勤務後、京都府で公立中学校や立命館宇治中学校・高等学校で社会科教員となる。

現在、立命館大学・京都橘大学非常勤講師。歴史教育者協議会副委員長、社会文学会理事。日中友好協会宇治支部長。宇治高齢者事業団理事。定年退職後、一人親方DANBE工務店創業。

主な著書に『ポランの広場―瓦解した「宮沢賢治の理想郷」』（かもがわ出版、2007年）、『テロルの時代～山宣暗殺者黒田保久二とその黒幕』（群青社、2009年）、『魯迅の愛した内山書店～上海雁ヶ音茶館物語』（かもがわ出版、2014年）、『戦争孤児～「駅の子」たちの思い』（新日本出版社、2016年）『「明治150年」に学んではいけないこと』（日本機関紙出版センター、2018年）、『児童福祉の戦後史　孤児院から児童養護施設へ』（吉川弘文館、2023年）、『ケーキと革命　タカラブネの時代とその後』（あけび書房、同年）、『西本あつし　平和行進をはじめた男』（群青社、同年）など多数。

ベラミ楽団の20世紀　音楽でつづる日本現代史

2024年 6月20日　初版第1刷発行

著者　本庄豊
発行者　坂手崇保
発行所　日本機関紙出版センター
〒553-0006　大阪市福島区吉野3-2-35
TEL 06-6465-1254　FAX 06-6465-1255
http://kikanshi-book.com/　hon@nike.eonet.ne.jp
本文組版　Third
編集　丸尾忠義
印刷・製本　日本機関紙出版センター

ISBN 978-4-88900-293-5